Mosaik bei
GOLDMANN

Buch

Jeder Gartenliebhaber weiß: Der eigene Garten (oder der Blumenkasten) ist nicht einfach nur ein Stückchen Erde. Er ist ein Platz zum Wohlfühlen und Entspannen, und er bietet die Möglichkeit, der eigenen gestalterischen Kreativität Ausdruck zu verleihen.

Durch vergnügliche Übungen, die für frisch gebackene Gärtner ebenso geeignet sind wie für erfahrene Profis, zeigt Fran Sorin in diesem Buch, wie man bei Blumenarrangements »über Vasen hinaus denkt«, wie man eine blühende Vision in ein greifbares Gartendesign verwandelt und die eigene Beobachtungsgabe und Kreativität fördert, indem man Tag für Tag die kleinen Veränderungen in der Natur wahrnimmt.

Autorin

Fran Sorin ist Gartendesignerin und hat zahlreiche Gärten entlang der gesamten amerikanischen Ostküste entworfen. In Amerika ist sie als Gartenexpertin regelmäßig im Fernsehen zu sehen, unter anderem auf NBC und im Discovery Channel. Für den Radiosender Infinity Broadcasting moderiert sie eine wöchentliche Gartenshow und schreibt regelmäßig Artikel für die *USA Weekend*. Fran Sorin lebt in Bryn Mawr im US-Bundesstaat Pennsylvania.

www.FranSorin.com

Fran Sorin

Gärtnern für die Seele

Beim Säen, Pflanzen und Ernten zu sich selbst finden

Aus dem Englischen
von Tatjana Kruse

Mosaik bei
GOLDMANN

Die Ratschläge in diesem Buch wurden von der Autorin und vom Verlag sorgfältig erwogen und geprüft, dennoch kann eine Garantie nicht übernommen werden. Eine Haftung der Autorin bzw. des Verlags und seiner Beauftragten für Personen-, Sach- und Vermögensschäden ist ausgeschlossen.

Mix
Produktgruppe aus vorbildlich bewirtschafteten Wäldern und anderen kontrollierten Herkünften

Zert.-Nr. SGS-COC-1940
www.fsc.org
© 1996 Forest Stewardship Council

Verlagsgruppe Random House FSC-DEU-0100
Das FSC-zertifizierte Papier *Munken Print* für Taschenbücher aus dem Goldmann Verlag liefert Arctic Paper Munkedals AB, Schweden.

1. Auflage
Deutsche Erstausgabe Februar 2006

Originaltitel: Digging Deep
This edition published by arrangement with
Warner Books, Inc., New York, N.Y., USA

Dieses Werk wurde vermittelt durch die
Literarische Agentur Thomas Schlück GmbH, 30827 Garbsen.
Umschlaggestaltung: Design Team München
Umschlagfoto: Zefa/Botzek
Illustrationen: Dover Publications
Redaktion: Tanja Oerke
Satz: Barbara Rabus
Druck und Bindung: GGP Media GmbH, Pößneck
WR · Herstellung: Han
Printed in Germany
ISBN 10: 3-442-16702-7
ISBN 13: 978-3-442-16702-9

www.goldmann-verlag.de

Für meine Eltern, Sam und Lois Sorin,
die mich mit ihrer Güte, ihren Wertvorstellungen und
ihrer gegenseitigen Liebe stets inspiriert haben.

Inhalt

Vorwort

Als ich Fran Sorin das erste Mal traf, war sie 18 Jahre alt und Studentin an der University of Chicago, an der ich als Professorin für Psychologie unterrichtete. Sie stellte sich mir eines Abends nach einem meiner Vorträge vor und erklärte, sie wolle für mich arbeiten. Aufgrund ihrer überschäumenden Begeisterung nahm ich sie als Assistentin an. Später studierte sie auch bei mir und führte ihre Abschlussarbeit zum Thema »Kreativität bei Schizophrenen« unter meiner Anleitung durch. Schon als Studentin zeigte sich bei Frannie deutlich, dass sie nicht nur hochintelligent und neugierig war, sondern auch ein optimistisches und kreatives Naturell besaß, das ihr im späteren Leben noch sehr nützlich sein würde.

Als Fran Sorin ihr Psychologiestudium mit Auszeichnung abschloss, hatte ich keine Ahnung, dass aus ihr letzten Endes eine talentierte Gartendesignerin werden würde. Es überraschte mich jedoch nicht, sondern freute mich vielmehr. Im tiefsten Innern hegte Frannie immer den Wunsch, die Menschen besser zu verstehen. Außerdem glaubte sie fest, dass alle Menschen die Fähigkeit zu einer kreativen Existenz besitzen und diese auch ausleben müssen. Ich habe im Laufe von fast dreißig Jahren immer wieder beobachten können, wie sie persönliche und berufliche Risiken einging, um ihrem eigenen kreativen Wesen näher zu kommen.

Als international anerkannte Expertin für Hypnose, veränderte Bewusstseinszustände, Traumdeutung und Kreativität hat es für mich immer etwas Magisches, jemanden wie Frannie kennen zu lernen, der wenig Zeit mit dem Diskutieren von Theorien verschwendet, sondern tatsächlich ein unglaublich kreatives Leben führt. Seit ihrem fünften Lebensjahr hat Frannie durch das Klavierspielen Zugang zu einem veränderten Bewusstseinszustand. Erst heute, vierzig Jahre später, ist es ihr möglich, über die Schönheit dieses Zustands zu sprechen. Dabei dient ihr die Gartenarbeit als hilfreiche Metapher.

Wenn Fran Sorin einen Raum betritt, strahlt sie Fröhlichkeit aus. Ihr ganzes Wesen signalisiert, dass diese Welt ein wundervoller, aufregender Ort ist, an dem man gerne lebt. Ich fordere Sie nachdrücklich auf, Frans Worten zu lauschen. Ihre Gedanken und Ideen sind machtvoll und können Ihnen zu einem bewussteren und heiteren Leben verhelfen. *Gärtnern für die Seele* ist zweifelsohne ein bahnbrechendes Buch.

Dr. Erika Fromm
(1910–2003)

Einführung

Was heißt es eigentlich, kreativ zu sein? Ist damit gemeint, prachtvolle Gemälde zu malen, einen Roman zu schreiben, eine Symphonie zu komponieren oder einen Wolkenkratzer zu entwerfen? Für all diese Projekte braucht man in der Tat Kreativität – ja. Und all diese Dinge sind bestimmt auch künstlerisch und edel, aber Kreativität bedeutet sehr viel mehr und berührt das Leben jedes einzelnen Menschen.

Kreativität ist schlicht gesagt die Energie, mit der wir etwas erschaffen, wo vorher nichts war. Und dies tun wir jeden Tag völlig selbstverständlich: Wir planen unsere Termine, entwerfen unser Erscheinungsbild, schreiben Geburtstagskarten oder bauen ein Geschäft auf. Anwälte kreieren Argumente, Liebende Romantik, Werbefachleute Werbespots, Innenarchitekten Atmosphäre und Eltern alles Mögliche, von Lernspielen bis hin zu einem Gefühl des Staunens über ihre Kinder. Jedes Mal, wenn wir uns anziehen, das Abendbrot richten oder ein Geschenk einpacken, sind wir kreativ. Bei fast allem, was wir im Leben tun, rufen wir den Geist der Inspiration, der Fantasie, der Innovation und der Genialität wach.

Es gibt viele Hilfsmittel, die uns zeigen, wie wir all das und mehr tun können, aber in diesem Buch geht es nicht darum, in bestimmten Projekten kreativer zu sein, sondern unser Leben grundsätzlich kreativ anzugehen. Kreativität hängt nicht von unserem Tun ab; Kreativität umfasst unser ganzes Sein. Ich glaube, unser Ziel kann nicht darin bestehen, *kreativer zu werden*. Wir sollten vielmehr lernen, *kreativ zu leben*.

Ein kreatives Leben versteht jeden Augenblick als Gelegenheit, spontan zu reagieren. Es bedeutet, sich neuen Möglichkeiten zu öffnen, Forscherdrang wachzurufen, seinen Instinkten zu vertrauen, einen ganz eigenen Stil zu entwickeln und zum Ausdruck zu bringen. Es bedeutet, die eigenen Bedürfnisse zu erfüllen, zu experimentieren, Risiken einzugehen, flexibel zu bleiben und nicht immer gleich voreilige Schlüsse zu ziehen. Ein Mensch, der kreativ lebt, wächst immer weiter – nicht *ohne* Angst, sondern *trotz* der Angst, wie es der Psychologe Rollo May formulierte.

Den Zugang zu dieser Art von Kreativität finden wir in unserem Innern, und jeder von uns besitzt sie. Möglicherweise denken Sie ja: *Ich bin einfach nicht kreativ*. Wie oft ich diesen Ausspruch schon gehört habe! Doch wenn Sie auch nur einem der zahllosen Menschen ähnlich sind, die diesen Spruch schon von sich gegeben haben, dann verspreche ich Ihnen, dass Sie sich irren. Es gibt keinen Menschen, der ohne Kreativität auf die Welt kommt. Haben Sie je gesehen, dass ein Kind sich weigert, mit Buntstiften zu malen mit der Begründung, es sei nicht kreativ? Natürlich nicht! Jeder von uns besitzt eine kreative Ader – es stellt sich nur die Frage, ob wir die Gelegenheit oder die Neigung hatten, diese im Laufe der Jahre zu pflegen.

Ein kreatives Leben bewirkt mehr als nur die Verschönerung unserer Umgebung. Unsere kreativen Wurzeln bilden das Wesen unserer Persönlichkeit. Wenn wir unser kreatives

Naturell freilegen, legen wir gleichzeitig unser authentisches Selbst frei – also nicht die Persona, wie wir sie der Welt präsentieren, und nicht den Menschen, der wir unserer Meinung nach sein sollten, sondern das, was wir im tiefsten Innern wirklich sind. Im Prozess des Erschaffens legen wir uns selbst bloß, bis wir eines Tages merken, dass der Mensch, der wir sind, und das, was wir tun, in perfekter Übereinstimmung stehen. Schlussendlich sind wir nicht kreativ, um ein fertiges Produkt vorzeigen zu können, sondern um das Beste in uns zu offenbaren.

Kreativität und Gartenarbeit

Ich habe eine Mission. Meine Mission besteht nicht darin, jedem Menschen einen Garten von Weltklasseniveau zu verschaffen oder die größte Expertin in Sachen Gartenbau zu werden. Es gibt viele wundervolle Lehrer, die diese Bedürfnisse bereits erfüllen. Meine Mission besteht darin, sowohl frisch gebackenen als auch erfahrenen Gartenliebhabern zu zeigen, wie sie ihre Gärten als Mittel des kreativen Erwachens nützen können – ob sie nun einen gepflegten englischen Rasen oder ein nacktes Stück Erde ihr Eigen nennen. Ich glaube fest daran, dass die Gartenarbeit eine der tiefgreifendsten Möglichkeiten ist, den kreativen Geist wachzurufen, der in jedem von uns schlummert. Sobald Sie diese kreative Energie freigesetzt haben, werden Sie zu Ihrem Erstaunen feststellen, was alles in Ihrem Leben in Bewegung gerät. Sie werden merken, dass ein kreatives Leben Ihnen neue Perspektiven in Ihrer Fantasie und in Ihrem ganzen Leben offenbart.

Ich erinnere mich an eine Kundin namens Claire, die in einem alten viktorianischen Haus lebte und mich engagierte, um das dazugehörige Grundstück zu gestalten. Sie ging davon aus, dass ich ihren Garten entwerfen würde, aber es wartete eine Überraschung auf sie. Ich sagte ihr, dass wir ihren Traumgarten gemeinsam erschaffen würden, wogegen sie sich sichtlich sträubte.

»Das kann ich nicht!«, teilte mir Claire unmissverständlich mit. »Ich habe nicht die leiseste Ahnung, was ich in meinem Garten haben will! Ich habe mir das so vorgestellt, dass Sie einfach vorbeikommen und irgendetwas für mich anpflanzen.«

Ich versicherte Claire, dass wir gemeinsam schon herausfinden würden, wie ihr Traumgarten aussieht. Sie blieb skeptisch, erklärte sich jedoch einverstanden, eine Woche lang Zeitschriften und Bücher durchzublättern, um Objekte, Farben und Formen auszusuchen, die in ihr etwas zum Klingen brachten. Ich wollte damit erreichen, dass ihre Vorstellungskraft zunahm und ihr Auge für das geschult wurde, was sie wirklich mochte und was nicht. Und ich wollte sie inspirieren. (Sie werden diese Übung in der ersten Phase ebenfalls durchführen.)

Als ich eine Woche später wiederkam, empfing mich Claire mit einem breiten Lächeln an der Tür. Sie hüpfte vor Aufregung förmlich auf und ab. Während sie einige der Cottagegärten-Bücher durchgegangen war, die ich ihr empfohlen hatte, entfaltete sich ihr eine ganze Welt voller Möglichkeiten und weckte ihr *»Das will ich auch!«*-Gefühl. Sie erinnerte sich an eine lange verloren geglaubte Liebe für Schaukeln, wie es sie in ihrem Elternhaus gegeben hatte. Claire hatte völlig vergessen, wie sehr sie es genossen hatte, an Sommernachmittagen gemächlich vor sich hin zu schaukeln – bis es ein Foto in einer Zeitschrift wieder in ihr wachrief.

Sie zeigte mir alles, was sie gefunden hatte, und ich versicherte ihr, dass wir viele der Elemente, die ihr gefielen, in ihren Garten integrieren konnten – einschließlich einer großen Schaukel für zwei, die sich an einer stämmigen Weide im hinteren Teil des Gartens befestigen ließe. Das gab ihr einen neuerlichen Energieschub, und sie visualisierte voller Vorfreude ihren neu gestalteten Garten. Es dauerte nicht lange, da arbeiteten Claire und ich die Einzelheiten aus, und nach wenigen Wochen nahm der Garten, den sie vor ihrem inneren Auge gesehen hatte, langsam in der Wirklichkeit Gestalt an.

Einige Monate später rief mich Claire an und erzählte mir, dass die Erfahrung, die sie beim Entwurf ihres Gartens und dessen Umsetzung gemacht hatte, ihr eine völlig neue Lebenseinstellung vermittelt hatte. Sie erkannte, dass sie, wenn sie die Gartenvisionen ihrer Träume umsetzen konnte, vielleicht auch in anderen Bereichen ihres Lebens Magie walten lassen konnte. Sie hatte nie ihren Jugendtraum vergessen, als

Caterer zu arbeiten, und nun plante sie, sich mit einem kleinen Catering-Unternehmen selbstständig zu machen – alles infolge ihrer Erfahrung, wie inspirierend und erfüllend der Prozess des Erschaffens sein kann.

Jeder Einzelne von uns ist einzigartig, und darum entwerfe ich auch keine Einheitsgärten. Das ist reine Nachäfferei, nichts anderes wie bei Leuten, die Bilder von Künstlern nachmalen und das Ergebnis dann als ihr eigenes Werk bezeichnen. Warum wollen Sie genauso gärtnern wie ich, wo Sie doch auf *Ihre* Weise gärtnern können? Das Ziel ist es, zu den Wurzeln dessen zu gelangen, was in Ihrem Herzen und in Ihrer Seele versteckt ist, Ihren ganz eigenen Stil zu finden – jenen Stil, der Ihren authentischen Wesenskern widerspiegelt. Der Schlüssel zu einem sinnvollen Leben liegt darin, nach und nach all das auszugraben, was unterhalb der Oberfläche liegt. Gartenarbeit ist eine wunderbare Möglichkeit, genau das zu tun. Und diese unsere Erde ist dabei ein sehr weises und verzeihendes Hilfsmittel.

Es kommt nicht darauf an, ob Sie mehrere Hektar Land oder nur einen winzigen Balkon in einer Stadtwohnung besitzen – *bewusste Gartenarbeit* hängt nicht davon ab, wie viel Raum Ihnen zur Verfügung steht. In ihrer einfachsten Form ist die Gartenarbeit einfach ein Prozess, bei dem man aktiv mit Pflanzen in Kontakt tritt. Meine Workshops besuchen auch zierliche, ältere Damen, die nichts weiter als ein Veilchen auf ihrem Couchtisch stehen haben, aber sie investieren viel Gefühl in die Pflege dieser kleinen Pflanze. Und ja, diese Damen gärtnern tatsächlich!

Gleichgültig, wer Sie sind und für wie kreativ Sie sich halten, wie groß oder klein Ihr Garten ist, Gartenarbeit kann eine bahnbrechende Methode sein, Ihre authentischen Wurzeln zu entdecken, sich wieder mit diesen zu verbinden und letztendlich zu dem selbstverwirklichten Menschen zu werden, der Sie sein sollten. Ich glaube so fest daran, weil ich diese Veränderung nicht nur bei Hunderten meiner Kunden – wie Claire – wahrgenommen habe, sondern weil ich diese auch bei mir selbst erlebt habe.

Meine Geschichte

Ich kam nicht als Gartenexpertin zur Welt und wie so viele andere Leute aus meinem Bekanntenkreis verbrachte ich Jahre damit, mich vor meiner eigenen Kreativität – meiner eigenen Lebendigkeit – zu fürchten. Ich versteckte viele der vitalen und einzigartigen Aspekte in mir, um mich anzupassen und in einer Welt zu bestehen, die Gleichförmigkeit und äußere Erfolge als höchstes Gut schätzt. Eines Tages blickte ich auf das absolut kahle Grundstück hinter unserem damals brandneuen Haus, und mir wurde klar, dass ich sogar zu viel Angst hatte, um mir auch nur vorzustellen, was man damit anfangen könnte. Die Vorstellung, etwas »erschaffen« zu müssen – etwas hervorzubringen, wo zuvor nichts war –, schien mir absolut überwältigend und kam mir unmöglich vor.

Mit Ende zwanzig zog ich mit meinem Ehemann und zwei kleinen Kindern in einen Neubau, der nur von Bauland umgeben war. Unser Haus war das erste, das in diesem neuen Viertel errichtet wurde, und ich hielt das Grundstück, das wir am Ende einer Sackgasse ausgewählt hatten, für den perfekten Ort, um unsere Kinder großzuziehen. Die Bauherren teilten uns mit, auf dem Gelände hinter dem Haus würde sich ein kleiner Hang befinden, was für mich damals gar nichts bedeutete. Ich gedachte, genau das zu tun, was ich immer tat, wenn es um Landschaftsgestaltung ging: Entweder würde ich ein paar Dinge zum Bestehenden hinzufügen oder einen Profi anheuern, der es für mich erledigte. Ich hatte zu der Zeit nur ein bisschen Erfahrung mit Gartenarbeit (eigentlich waren es nur die Pflichten, die ich als Kind im Garten zu erledigen hatte, sowie der Umgang mit ein paar Zimmerpflanzen im Studentenwohnheim und in unserem ersten Haus), aber es war für mich keine große Sache. Ich war mit einer Mutter aufgewachsen, die viel Zeit im Freien verbrachte, Pflanzen umsetzte und Blumen schnitt, die sie dann ins Haus trug. Darum war es für mich keine gänzlich fremde Vorstellung, aber ich hätte wirklich nie gedacht, dass die Gartenarbeit eines Tages mein Leben verändern würde.

Als der letzte Bulldozer fortfuhr und die letzten Handgriffe an unserem Haus getan waren, sah ich mir unseren Grund und Boden bestürzt an. Ich hätte nie gedacht, dass das Grundstück vollkommen nackt sein würde. Keine Pflanze und kein Baum in Sicht! Es war öde und hässlich und darüber hinaus auch noch gefährlich. Der »sanfte Hügel«, von dem man uns erzählt hatte, erwies sich als steiles Gefälle – ein einziges heftiges Gewitter, und wir hätten eine Schlammlawine mitten in der Küche. Das Haus meiner Träume erwies sich als Albtraum.

Doch während ich dieses öde, unansehnliche Stück Land betrachtete, fühlte sich ein lange verloren geglaubter Teil in mir herausgefordert. Am Anfang meines Lebens hatte ich als Musikschülerin intensive Erfahrungen mit der Kreativität: Mitten im Klavierspiel konnte ich in einen ekstatischen Zustand geraten. Aber ich wuchs in den Fünfzigerjahren des vorigen Jahrhunderts auf, einer Zeit, als Individualität nicht ermutigt wurde – schon gar nicht bei Frauen. Darum setzte ich meine Energien dort ein, wo ich dafür belohnt wurde: Ich bemühte mich, beliebt und gesellig zu sein und »gute« Noten zu bekommen. Am College studierte ich Psychologie und Kreativität (es heißt, wir fühlen uns immer zu dem hingezogen, was wir am dringendsten lernen müssen!), unter anderem bei so bekannten Forschern und Lehrern wie Erika Fromm. Doch obwohl ich die Theorien über die Kreativität allesamt beherrschte, war ich ziemlich ratlos, sobald es um die persönliche Anwendung ging.

Irgendwann auf meinem Lebensweg traf ich dann die Entscheidung, dass der Weg zu meiner persönlichen Freiheit darin bestand, finanziell unabhängig zu sein, und ich beschloss unbewusst, dem männlichen Machtmodell zu folgen. Ich wechselte zum Fernsehen und wurde Medientrainerin, was zwar sehr gut bezahlt wurde, mich persönlich jedoch überhaupt nicht befriedigte. Ich wusste, dass mir eigentlich etwas fehlte, ich wusste nur nicht, was es war. Ich fühlte mich innerlich eingeengt und war völlig verwirrt angesichts dieser Sehnsucht in mir.

Da saß ich also nun, in einem neuen Haus, einer neuen Nachbarschaft, mit zwei Kleinkindern, fühlte mich frustriert, unglücklich und ziemlich unkreativ. Ich wusste, ich musste diesen Ort in Besitz nehmen, also fing ich mit etwas Vertrautem an: Überzeugt davon, dass ich selbst keinen guten Geschmack besaß, heuerte ich einen Innendekorateur an, der unser Heim ausstatten sollte. Dieser Dekorateur war ein reizender Mann, der zufällig auch leidenschaftlich gern gärtnerte. Er brachte mir ganze Armladungen voller Lilien für meinen Garten mit und ein sehr altes Buch über Gartenarbeit. Er drängte mich, hier und dort etwas anzupflanzen, was ich auch tat, ohne jedoch genau zu wissen, was ich da eigentlich machte. Aber er redete mir weiter gut zu, und ganz allmählich, Schritt für Schritt, begab ich mich nach draußen, pflanzte erst ein paar Rosenbüsche, dann einige Immergrünpflanzen, später ein paar Petunien.

Wenn ich mir anschaue, wie ich es damals anging, erstaunt es mich, dass überhaupt eine Pflanze überlebte, aber der springende Punkt war der, dass ich endlich nach draußen ging und mit den Händen im Boden wühlte. Rückblickend ist mir klar, warum ich mit der Gartenarbeit weitermachte, obwohl ich mich so dumm anstellte. Zum einen liebte ich die Erfahrung. Wenn ich meine Hände im Erdboden vergrub, spürte ich eine tiefe, urtümliche Verbindung mit der Erde. Durch die Arbeit mit der Erde fand ich Frieden. Es fühlte sich richtig und wirklich gut an. Ich weiß, das klingt abgedroschen, aber es ist die Wahrheit. Der biblische Ausspruch »du bist Erde und sollst zu Erde werden« (1. Mose 3, 19) gewann für mich langsam eine völlig neue Bedeutung.

Zum anderen hatte es etwas Bewegendes, diese kostbaren Pflanzen zu hegen und ihnen beim Wachsen zuzuschauen. Ich weiß noch, wie ich Petunien auf einem Terrassenvorsprung im Garten anpflanzte. Ich liebte das Gefühl, ein Loch in den frisch umgegrabenen, bröckeligen Boden zu graben, die Pflanzen in dieses Loch zu setzen und die Erde festzustampfen, damit sie sicher waren und es in ihrem neuen Zuhause gemütlich hatten. Ich liebte es, diese neuen Blumen mit meiner Kanne zu gießen, und ich erinnere mich, wie ich jeden Tag voller Vorfreude nach draußen lief, um nach ihnen zu sehen. Während die Pflanzen wuchsen, wurde auch in mir etwas lebendig. Ich spürte eine vertraute Regung – den Funken in meinem Innern, den auch die Musik vor so vielen Jahren in mir entfacht hatte.

Eines Tages kam ich an einer Gartenanlage vorbei, die offenbar zu einem Privathaus gehörte. Es gab dort herrliche rosa Kletterrosen, die sich vor dem Haus an einem Eisengitter hochrankten, und hinter dem Haus eine Wiese, die vor Wildblumen förmlich lebendig zu sein schien. Ich musste einfach an den Straßenrand fahren und den Wagen anhalten – es war atemberaubend! Als ich nach Hause kam, rief ich meine

Nachbarin »mit dem grünen Daumen« an (die schon viel weiter war als ich und mir mehrere großartige Gartenkataloge hatte zukommen lassen) und erkundigte mich nach dem Haus. Sie erzählte mir, es gehöre einem englischen Gärtner namens Christopher Woods. Da ich das auch durchziehe, was ich mir in den Kopf gesetzt habe, nahm ich Kontakt zu ihm auf. Er wurde mein Lehrer und inspirierte mich dazu, nach England zu reisen und mich ernsthaft mit dem Anlegen von Gärten zu befassen.

Unter der Anleitung von Chris eignete ich mir die notwendigen Grundlagen an, und von da an nahm mein Garten Schritt für Schritt Gestalt an. Ich pflanzte Blumen und Bäume und legte Beete an, die ich später wieder herausriss, um etwas anderes auszuprobieren. Ich musste – ohne Übertreibung – Tonnen von Erde wegkarren, um den Steilhang hinter dem Haus abzutragen, und modellierte unser gesamtes Grundstück völlig neu. Ich werde nie vergessen, was eine meiner liebsten Freundinnen zu mir sagte, als sie mich einmal besuchte und sah, was ich tat: »Frannie, was machst du denn da? Du gräbst ja buchstäblich das Fundament aus, auf dem du lebst!«

Sie hatte Recht. Ich grub alles aus – einschließlich der Ängste und der Beklommenheit, die mich so viele Jahre lang gefesselt hatten. Ich vertraute ganz allmählich meinen Instinkten, achtete darauf, was für mich funktionierte und was nicht, und ging einige echte Risiken ein, weil ich bereit war, auch einmal Fehler zu machen. Obwohl die Geschichte natürlich viel komplexer ist, als ich sie hier in wenigen Absätzen zusammenfassen kann, fiel mir auf, dass ich selbst einige Veränderungen durchlief, während sich mein Garten entwickelte.

Ich lernte, mit der Zwiespältigkeit zu leben und nicht immer gleich voreilige Schlüsse zu ziehen. Im Garten muss man manchmal einfach abwarten, was sich entwickelt – und darin war ich noch nie sehr gut gewesen. Ich muss immer genau wissen, was vor sich geht. Aber ich lernte, dem Prozess des Lebens mehr Vertrauen entgegenzubringen, sowohl in Bezug auf meine Pflanzen als auch auf mich selbst. So wohnt meine Tochter beispielsweise in Israel, und das ist in diesen unruhigen Zeiten nicht gerade der sicherste Ort. Wann immer ich höre, dass dort wieder etwas passiert ist, drängt es mich, sie anzurufen und zu sagen: »Komm sofort nach Hause!« Aber dann rufe ich mir ins Gedächtnis, dass sie dort ihr Glück gefunden hat und wir ohnehin niemals wissen können, was der kommende Tag bringen mag. Ich vertraue meiner Tochter und weiß, dass sie die nötigen Vorsichtsmaßnahmen ergreift; darüber hinaus muss es mir genügen, dass ich nicht weiß, was die Zukunft für uns bereithält.

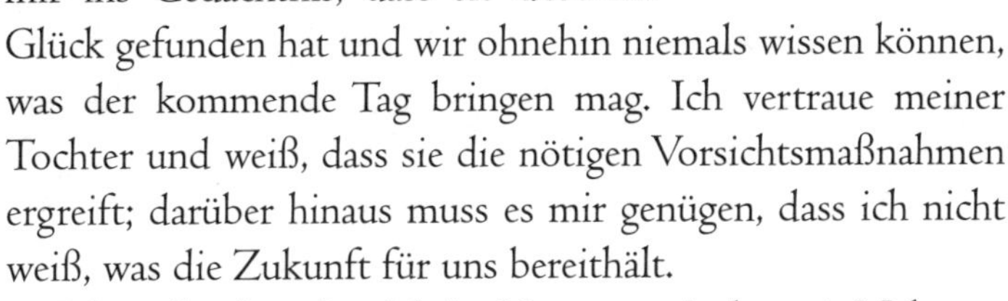

Ich stellte fest, dass ich im Umgang mit den mir Nahestehenden lockerer wurde. Gegenüber meinen Kindern und meinem Ehepartner wurde ich nachsichtiger. Von Natur aus bin ich ein gefühlsbetonter Mensch, aber mit der Zeit merkten alle um mich herum, dass ich ruhiger wurde und seltener emotionale Ausbrüche hatte. Ich habe so viel von meinen Erfahrungen im Garten gelernt, dass ich nicht länger vorgefasste Meinungen in Stein meißele – wie sich zum Beispiel die Dinge am Ende anfühlen oder wie sie aussehen sollten. (Keiner meiner Gärten sah am Ende *jemals* ganz genau so aus, wie ich ihn geplant hatte.) Außerdem weiß ich heute, dass wir die Fehler, die wir begehen, als Geschenke betrachten müssen. Ich habe begriffen – und damit meine ich wirklich verinnerlicht –, dass ich ohne Fehler keine Risiken in meinem Garten eingehen kann … und auch nicht in meinem Leben.

Die wichtigste Lektion, die mir die Gartenarbeit beigebracht hat, war wohl, dass ich, Fran Sorin, nicht die Kontrolle besitze. Keiner von uns tut das. So gern wir auch glauben, dass wir alles im Griff haben – es ist einfach nicht der Fall. Es gibt eine Kraft, die sehr viel größer ist als wir: Natur, Gott, nennen Sie es, wie Sie wollen, aber sie ist da. Ich habe das begriffen, weil ich wiederholt miterleben musste, dass ich alles richtig gemacht hatte – ich hatte eine gesunde Pflanze in gutes Erdreich gepflanzt, sie gegossen, gedüngt und gepflegt –, und dennoch überlebte sie nicht. Da heißt es dann, dies akzeptieren zu lernen!

Im Verlauf von zehn Jahren entwickelte ich mich von der ängstlichen Anfängerin zu einem Menschen, der sich in seinem Garten selbstsicher und zu Hause fühlt. Jemand erfuhr von meinem Garten und sprach die Empfehlung aus, dieser solle in eine Besichtigungstour zu schönen Gärten in und um Philadelphia aufgenommen werden. Eins führte zum anderen, und eines Tages drehte ich kurze Gartenratgeberspots für den lokalen Fernsehsender Fox und führte praktische Workshops für die *Pennsylvania Horticultural Society* durch. Darauf folgten weitere Auftritte in *Lifetime* und im Discovery Channel und schließlich hörten die Macher der *Weekend Today Show* auf NBC von mir und engagierten mich als Gartenexpertin. In der Zwischenzeit half ich, die Gartenseite für iVillage.com zu entwickeln und schrieb Artikel für eine Reihe landesweiter Zeitschriften. Schließlich bat man mich, für den Radiosender Infinity Broadcasting eine eigene wöchentliche Garten-Talkshow zu moderieren. Meine Karriere als Gartendesignerin war also einfach eine natürliche Entwicklung, weil die Leute zu mir kamen und mich um Rat fragten.

Wenn mich Kunden bitten, ihnen bei der Gestaltung ihres Gartens zu helfen, dann mache ich ihnen von Anfang an klar, dass es nichts ist, was ich *für* sie tue – wie ich es Claire vor so vielen Jahren gesagt habe –, es ist etwas, das wir gemeinsam tun. Ich kann nicht in das Herz und die Seele meiner Kunden schauen, es liegt an ihnen, in sich zu gehen und zu lernen, wie sie ihre Vorstellungskraft, ihre Träume, ihre Experimentierfreude, ihre Problemlösungsfertigkeiten und ihre Risikobereitschaft ausfeilen können. Ich kann ihnen nur die notwendigen Grundlagen der Gartenarbeit beibringen (ohne die jegliche Experimentierfreude unvernünftig wäre) und anschließend mit ihnen die sieben Phasen durchlaufen, mit deren Hilfe wir im Garten unseren kreativen Geist wecken können. Es dauert nicht lange, dann nehmen die Traumgärten meiner Kunden Gestalt an, und sie selbst befreien sich von ihren Ängsten und Fesseln, lassen los und werden kreativ. Eines der größten Privilegien meines Lebens besteht darin, dass ich miterleben darf, wie diese Gärtner/-innen zusammen mit ihren Gärten erblühen.

Vom Umgang mit diesem Buch

Ich möchte Sie in diesem Buch durch meine sieben Phasen kreativer Entwicklung führen und das im Rahmen Ihres Gartens: Vorstellungskraft, Vision, Planung, Anpflanzen, Pflege, Freude und Abschluss. Sie werden alles lernen, was Sie für die Realisierung Ihres Traumgartens wissen müssen – selbst wenn Sie im Moment noch keine Ahnung haben, wie dieser Garten aussehen könnte –, aber das ist nur die Spitze des Eisberges. Ein herrlich blühender Garten ist das Nebenprodukt eines herrlich blühenden Gärtners. Im Grunde geht es wirklich nur um *Sie.* Die Tulpen und Rosen werden zweifelsohne schön sein, jedoch blass im Vergleich zu dem inneren Leuchten, das Sie ausstrahlen werden, sobald Ihr kreatives Feuer entfacht ist.

Sie können dieses Buch entweder in einem Zug durchlesen und den Phasen nacheinander folgen, oder dort ansetzen, wo Sie mögen, und gleich mit der Phase anfangen, die am besten zu Ihrer augenblicklichen Situation passt. Sie werden feststellen, dass viele Themen in den einzelnen Phasen mehrmals auftauchen; das liegt daran, dass die Kreativität kein linearer Prozess ist. Wie beim Gummihüpfen springen wir hinein und wieder hinaus, und jedes Mal ist die Konfiguration eine andere.

In jedem Abschnitt stelle ich Ihnen Experimente vor, die Sie ausprobieren können. Wenn Sie noch Anfänger sind, bauen diese Übungen Ihr Selbstvertrauen auf und ermöglichen Ihnen einen Zugang zu Ihrer Vorstellungskraft. Wenn Sie bereits ein erfahrener Gärtner sind, wählen Sie aus den einzelnen Abschnitten einfach die Übungen aus, die Sie am meisten ansprechen; dadurch können Sie eine ganz neue Sichtweise auf Ihre Gartenarbeit gewinnen. Im gesamten Buch erteile ich Ratschläge und gebe Tipps, wie Sie am besten zu einem gesunden Garten kommen.

Gemeinsam werden wir Ihren Garten entwerfen und bepflanzen und Ihr kreatives Naturell wachrufen. Über kurz oder lang werden Sie ganz sicher erblühen. Vielleicht ähneln Sie dabei Peter, einem Computerhändler, der zu mir kam, weil er lernen wollte, wie er sich besser um seinen Rasen kümmern könnte (das dachte er zumindest!), aber am Ende entdeckte er seine Leidenschaft für den Entwurf und die Umsetzung von Steingärten. Nachdem er drei Monate lang an einem wunderbaren Steingarten gearbeitet hatte, fiel ihm auf, dass er auch in seinem Beruf innovativer dachte und sich ihm dadurch noch mehr Verkaufsmöglichkeiten eröffneten.

Vielleicht haben Sie auch etwas mit Maria gemeinsam, einer zierlichen, konservativen Frau, der ich meine Blumenarrangementübung empfahl. Dabei begibt man sich zum Floristen, kauft so viele frisch geschnittene Blumen, wie man kann, geht nach Hause, holt alle Vasen und ähnlichen Behälter im

Haus heraus, legt seine Lieblingsmusik auf und *spielt* einfach mit den Blumen (diese Übung finden Sie in der ersten Phase). Die Experimente mit verschiedenen Farben inspirierten Maria so sehr, dass sie einen Großteil ihrer langweiligen, tristen Kleider verschenkte und sich im Vertrauen auf ihren neu gefundenen Blick und Instinkt für Farben eine völlig neue, vor Leben sprühende Garderobe zulegte.

Oder Sie identifizieren sich mit Leslie, die ich bei der Pflanzung von Rosenbüschen beraten sollte und die bald darauf feststellte, dass sie die Blütenblätter ihrer betörend duftenden Rosen ihrer eigenen Linie an Badeölen zusetzen konnte. Wer weiß, was Sie in sich entdecken, wenn Sie erst einmal Ihre kreativen Wurzeln ausgraben?

Eins steht jedoch fest: Sie werden nie wieder in Frage stellen, ob Sie kreativ sind oder nicht. Und Sie werden nicht den leisesten Zweifel daran hegen, dass Sie in Ihrem Leben absolut alles erschaffen können, woran Sie sich wagen, sobald Sie erst einmal Ihre authentische, kreative Ader entdeckt haben.

ERSTE PHASE

Vorstellungskraft

Der kreative Funke

Vorstellungskraft bedeutet, Möglichkeiten zu sehen, Realitäten vorherzusehen, die noch nicht existieren, und geheime Pfade aufzuspüren, die noch nirgendwo verzeichnet wurden. Unsere Fantasiebilder sind unsere ureigensten mentalen Spielplätze, wo wir unsere Träume von der Leine lassen, damit sie ohne Risiko und ohne Angst herumtollen können. Genau hier, im Innersten unserer Psyche, besitzen wir die Freiheit, unseren wahren Wesenskern zu erforschen und unseren Gedanken und Wünschen völlig freie Bahn zu lassen. Hier können wir unsere Fantasien ausleben, ebenso unsere tiefsten Sehnsüchte und häufig auch all die Hoffnungen und Wunschträume, die wir sonst keiner anderen lebenden Seele anvertrauen. Aus dieser Quelle beziehen wir die Inspiration, die als Funke für unser kreatives Feuer dient.

Als kleines Mädchen besaß ich eine überschäumende Vorstellungskraft. Alle möglichen Ideen und Fantasien spukten in meinem Kopf herum und führten oft zu spontanen Theateraufführungen. Ich wetterte. Ich wehklagte. Ich frohlockte. Ich fühlte so viel und ließ alles heraus. Meine Mutter gab mir den Spitznamen Tallulah, nach der legendären Schauspielerin und Diva Tallulah Bankhead – das vermittelt Ihnen vielleicht ein Bild von mir als Kind. Aber irgendwie erhielt ich damals die Botschaft, dass es nicht gut sei, so zu sein, und dass ich nicht alle meine Emotionen herauslassen und nicht alle meine Fantasiebilder der Welt mitteilen sollte. Meine Lehrer seufzten häufig verzweifelt auf: »Ach Frannie, was sollen wir nur mit dir anstellen?«

Ich hatte niemanden, mit dem ich meine Erregung über wichtige Dinge teilen konnte, beispielsweise über eine flauschige Raupe, die ich auf dem Sims vor meinem Schlafzimmerfenster sah, oder darüber, wie viel Spaß es machte, in die hochhackigen Pumps meiner Mutter zu klettern und damit über den behelfsmäßigen Laufsteg zu stolzieren, den ich in unserem Wohnzimmer angelegt hatte. Also schuf ich aus dem Überfluss meiner Fantasie eine gleichermaßen ekstatische imaginäre Freundin namens Locky Lee Boom Boom. Locky Lee und ich veranstalteten fabelhafte Teepartys und erstellten endlose Listen von Jungs, die wir mochten (und von Jungs, die merkwürdig rochen), von exotischen Orten, die wir eines Tages aufsuchen wollten, und wem wir danken würden, wenn wir unseren ersten Oscar verliehen bekamen. Locky Lee war immer da, allzeit bereit, in jedem Szenario mitzuspielen, das ich mir ausdachte.

Irgendwie scheint uns das Leben die Botschaft zu übermitteln, dass unsere Vorstellungskraft ein Luxus für Sonntagnachmittage ist, den wir als reife Erwachsene ablegen sollten. Viele von uns sammeln im Laufe ihres Lebens Diplome, Arbeitsstellen und all die anderen Sachen an, die zum Erwachsensein gehören; sie verabschieden sich von ihrer Locky Lee Boom Boom, ihren Träumen und fernen Erinnerungen, und sie tun, was die Welt uns als notwendig signalisiert: nach vorn schauen, sich Ziele setzen, sich an den Spielplan halten. Nur selten ist jemand in der Lage – oder wagt es –, sich dieses kindliche Gefühl des Staunens zu bewahren und das zu kultivieren, was wir künstlerisch, kreativ oder begabt nennen. Meistens finden wir solche Leute reichlich merkwürdig. Aber insgeheim spüren wir, dass es ihnen irgendwie besser geht als uns. Vielleicht sind sie glücklicher, gesegneter. Dabei unterscheiden sie sich gar nicht von uns, außer in einem einzigen, grundlegenden Punkt: Ihre Fantasie weigerte sich, sich wegsperren zu lassen. Sie leben ihre Träume und leben in ihren Träumen, nicht durch Anstrengung, sondern der Natur folgend.

Das Wundervollste an der Vorstellungskraft ist, dass sie niemals stirbt, gleichgültig, wie viele Schichten aus Alltag und Arbeit wir auf sie häufen. Die Möglichkeit, unsere Träume und Fantasiebilder wieder hervorzuholen und neu zu aktivieren, ist immer vorhanden. Unsere Vorstellungskraft müssen wir nicht erst kultivieren: In unserem Innersten ist sie immer vorhanden. Um sie freizusetzen, müssen wir nur die Fenster nach innen öffnen und sie herauslassen. Sie steckt in jedem von uns. Großes Ehrenwort! Ich habe erlebt, wie selbst die zugeknöpftesten und ernsthaftesten Menschen in ihren Gärten wieder kindliche Lebensfreude entwickelten, sobald sie sich erlaubten, loszulassen und spielerisch an das Ganze heranzugehen.

Martin war einer meiner ersten Kunden. Er engagierte mich, um den Garten seines Hauses zu gestalten, das sein Arbeitgeber für ihn und seine Familie gekauft hatte, als er eine neue Stelle in Chicago antrat. Martin war ganz geschäftsmäßig: Wir trafen uns exakt um acht Uhr dreißig morgens, und er teilte mir sofort mit, welches Budget er eingeplant hatte und bis wann er mit der Fertigstellung der Arbeiten rechnete. Ich kann mich noch an seinen Gesichtsausdruck erinnern, als ich sagte: »Okay, warum fangen wir nicht damit an, dass Sie mir erzählen, was Sie sich so gedacht haben?«

Mir war klar, dass Martin das nicht eingeplant hatte, aber ich war ihm von seinem neuen Chef empfohlen worden, und darum dachte er wohl, er müsse mir entgegenkommen. Also zog er sein Jackett aus und setzte sich mit mir an den Küchentisch, wo wir über diverse Ideen sprachen. Anfangs sagte Martin nicht viel, aber ich spürte, dass da etwas war, also drängte ich in ihn. Und als hätte ich es geahnt, hatte Martin keine 45 Minuten später die Buntstifte seines Sohnes hervorgeholt und skizzierte ganz aufgeregt »einige Gedanken«, die er sich gemacht hatte. Seine Verwandlung war erstaunlich: Die harten Linien in seinem Gesicht wurden weicher und sein ganzer Körper schien beim Zeichnen lockerer und entspannter. Zwei Stunden später brachte er mich zur Tür, und ich könnte schwören, dass ich die Hand eines völlig anderen Menschen schüttelte als bei meinem Eintreffen.

Ein Garten kann ein wunderbarer Ort sein, um das Fenster zu Ihrer Vorstellungskraft zu öffnen, vor allem dann, wenn es noch kein Garten ist, sondern ein leerer Fleck, den Sie erst in einen Garten zu verwandeln hoffen. Ein unberührtes Stück Land ist so eine wunderbare Gelegenheit, ebenso wie eine leere Leinwand oder ein weißes Blatt Papier. In seiner Nacktheit verkörpert es reine Möglichkeit. Sie können jede Vision, jeden Wunsch darauf projizieren, ständig ausradieren und neue mentale Bilder ausprobieren. Und das immer und immer wieder.

In der Einstiegsphase geht es darum, unsere kreativen Erinnerungen wachzurufen, uns selbst für ein Gefühl der Freiheit und der Möglichkeiten zu öffnen, die Sehnsüchte nach Spiel und Spontaneität zu wecken. Sie müssen sich nur von Anfang an dazu verpflichten, sich keinen Terminplan zu setzen und sich keine Sorgen zu machen, was funktionieren wird und was nicht. Hier gibt es nichts auszuknobeln, nichts, was Sie erreichen müssen, kein Rätsel, das Sie zu lösen haben. Sie können Ihre Vorstellungskraft nicht durch Gewalt in Besitz nehmen. Das Gefühl des Staunens lässt sich nicht herbeizwingen, sondern nur erwecken, von einem kostbaren Moment zum nächsten.

Sogar Albert Einstein, dessen Name zum Synonym für Intelligenz wurde, hat einmal gesagt: »Vorstellungskraft ist wichtiger als Wissen.«

Beobachten

Wenn man die Natur wahrhaft liebt, so findet man es überall schön.

Vincent van Gogh

Beobachtung bedeutet einfach, sich einer bestimmten Sache bewusst zu widmen und wahrzunehmen. In der schnelllebigen Welt des 21. Jahrhunderts eilen viele von uns förmlich mit verbundenen Augen durch den Alltag. Wir hasten von einem Termin zum nächsten, versuchen panisch, alles noch besser und schneller zu erledigen, und achten dabei kaum auf das, was uns umgibt. Eigentlich ist das nicht unser Fehler – so funktioniert eben unsere Welt. Doch dieses hektische Tempo hat seinen Preis. Uns mögen ja alle Türen offen stehen, aber wie viel Raum bleibt da noch, etwas wahrhaft und tiefgreifend zu *erleben*? Auch wenn es nicht bewusst ist, so entfremden wir uns doch zusehends von einer der wichtigsten Quellen unserer Kreativität: unseren Sinnen.

Das Beobachten steht im Gegensatz dazu, weil wir dabei all unsere Sinne schärfen, um die Welt um uns herum wirklich sehen, fühlen, schmecken, riechen und berühren zu können. Auf diese Weise treten wir wieder in Kontakt mit unserer Sinnlichkeit. Wir wecken unsere ästhetische Intelligenz, unsere Wertschätzung für Schönheit, Harmonie, Melodien, Düfte und Empfindungen, die allesamt unsere Fantasie beflügeln und uns als Palette dienen, von der wir uns bedienen können. Die einfachste Möglichkeit, unsere Sinne zu wecken und unser kreatives Feuer zu entfachen, ist, die Natur zu beobachten.

Wenn wir nicht Acht geben, nehmen wir die Natur viel zu leicht als selbstverständlich hin und distanzieren uns allmählich von ihr und damit letztendlich auch von uns selbst. Aber wenn wir uns mit neugierigen Augen umschauen und mit offenen Ohren lauschen, entdecken wir Menschen, Orte und Dinge auf völlig neue Weise. Bei genauerer Überlegung entstammt doch alle große Lyrik einem höheren Bewusstsein. Das geschieht folgendermaßen: Der Dichter kommt in Kontakt mit einer Quelle der Inspiration, sei es ein Kiefernzapfen oder die anmutige Rundung der nackten Schulter seiner Geliebten. Er erlebt etwas, was der Psychologe Rollo May eine »Begegnung« nennt, einen Augenblick, in dem der Dichter zutiefst inspiriert wird und völlig in etwas aufgeht. Aus dieser Begegnung heraus formuliert er die Essenz seiner Erfahrung in Form wohlklingender Lyrik. Und doch wäre nichts davon mehr als nur ein flüchtiger Moment verlorener Gelegenheit gewesen, wäre der Dichter unempfänglich für diese Sinneseindrücke gewesen.

Vielleicht kommen Sie jeden Tag auf dem Weg zur Arbeit an einigen Wildblumen vorbei, aber wenn Sie einmal eine kurze Pause einlegen, um sich die Blumen bewusst anzusehen, richten Sie Ihren Fokus neu aus und erleben die Blumen womöglich völlig anders. Berühren Sie die seidigen Blütenblätter, weich wie Kaschmir. Betrachten Sie die Rottöne, feurig und leuchtend wie ein Sonnenuntergang im Spätsommer, oder das leuchtende Gelb, das Sie an Ihre Kindheit erinnert, als Sie fröhlich Butterblumen pflückten. Alles kann passieren, wenn Sie Ihre Sinne wecken. Um diese zum Ausdruck zu bringen, müssen Sie kein Gedicht schreiben. Meine Freundin Susan ist Prozessanwältin und einer der kreativsten Menschen, die ich kenne, obwohl sie noch nie ein Sonett geschrieben, eine Note gespielt oder einen Pinsel geschwungen hat. Susan ist im Gerichtssaal kreativ; sie bringt brillante Eingaben und solide Argumentationsketten vor, wo es zuvor nur Spekulationen und Unsicherheiten gab.

Natürlich geht es mir manchmal wie allen anderen auch: Ich vergesse, präsent zu bleiben, und gleite in diesen Halbschlaf. Wie die meisten Menschen führe ich ein überaus geschäftiges Leben. Ich muss mich um meinen Garten kümmern, mich mit meinen Kunden beraten, Artikel schreiben, Abgabetermine einhalten, Workshops organisieren … Und das ist nur mein Arbeitsleben. Ich liebe meine Freunde und Freundinnen sehr und versuche, wann immer möglich, etwas Zeit mit ihnen zu verbringen, um bei einer Tasse Tee über Gott und die Welt zu plaudern – ganz zu schweigen von meinen beiden erwachsenen Kindern. All das kann dazu führen, dass ich sprichwörtlich »zu beschäftigt bin, um die Rosen zu riechen«. Wann immer ich mich überwältigt und erschöpft fühle, weiß ich, dass ich den Kontakt zu meinen Sinnen und zu mir selbst verloren habe. Es ist sinnlos, wenn meine Gärten alle Preise der Welt gewinnen, solange ich nicht wirklich präsent für das leuchtende Lila der Klematis bin, für den himmlischen Duft der Glyzinie oder das liebliche Klingeln der Windspiele im kühlen Dezemberwind. Letzten Endes ist meine Offenheit für die Natur der Grund, warum ich mich mit Gartenarbeit beschäftige.

Etwas sehr Tiefes – Ursprüngliches – verbindet die Menschheit mit der Natur. Genau hier, in der wahrhaftigen Beschäftigung mit der Natur, kommen wir in Kontakt mit dem Kern unserer Menschlichkeit. Die Natur ist kein Hobby. Sie ist ein Teil von uns, und wir sind ein Teil von ihr. Wir sind eine Erweiterung des Ökosystems, darum wundere ich mich, wenn ich Leute sagen höre, dass die Natur »nicht ihr Ding« sei. Die Natur kann ebenso wenig »nicht unser Ding sein« wie das Atmen nicht unser Ding sein kann. Wir existieren zusammen mit der Natur. Alles, was wir essen, entspringt der Natur: Gemüse, Obst, Pflanzen, Tiere, Kräuter. Wir beziehen uns oft auf die Natur, auch wenn uns das nur selten bewusst wird – beispielsweise bei Vornamen wie Iris, Rosa, Heide oder Erika und bei gängigen Aphorismen wie »der Apfel fällt nicht weit vom Stamm« oder »der frühe Vogel fängt den Wurm«. Doch viele von uns verschließen sich der Natur, ähnlich wie wir uns unseren authentischen Wurzeln verschließen. Wenn wir herausfinden wollen, wer wir sind und was wir sind, müssen wir zuerst akzeptieren, dass wir Teil einer größeren Kraft sind, die überall um uns herum am Werk ist.

Wenn man nach einem langen Winter seinen Lieblingsfrosch im Teich entdeckt, dann kommt das einer Wiedervereinigung gleich. Eine Frau, die an einem meiner Workshops teilgenommen hatte, erzählte mir von einem herrlichen Hartriegel vor dem Fenster ihres Kinderzimmers. Viele Jahre lang beobachtete sie dieses Gehölz zu allen Jahreszeiten, sah, wie es jeden Winter seine Blätter abwarf, nur um bei der Ankunft des Frühlings vor rosafarbenen und weißen Blüten förmlich zu explodieren. Gleichgültig, was sich in ihrem Leben abspielte oder wie viel Leid sie durchstehen musste, jeden April erwachte der Hartriegel wieder zum Leben und symbolisierte für sie einen Neuanfang. Ihr wurde klar, dass die Natur der verlässlichste Begleiter ist, den wir in unserem Leben haben können. Komme, was will, die Jahreszeiten werden sich immer ändern, die Zugvögel werden auf Wanderschaft gehen, Schneeflocken werden fallen, Knospen werden aus dem Erdreich sprießen, und die Sonne wird auf- und wieder untergehen. Darauf können wir uns fest verlassen, auch wenn alles andere in unserem Leben unsicher erscheint.

Wenn wir uns in der Natur aufhalten – wirklich dort sind, nicht einfach nur durchlaufen –, eröffnet sich uns ein intensives Gefühl von Frieden und Zugehörigkeit. Unsere Probleme erscheinen plötzlich klein und bedeutungslos, und wir erkennen die größeren Zusammenhänge, das große Bild. Ein übersteigertes Selbstwertgefühl wirkt lächerlich, sobald uns klar wird, dass unsere Gemeinschaft nicht nur auf unsere Familie, Freunde und Kollegen begrenzt ist… Es ist eine Gemeinschaft aller Lebewesen.

Ich sage immer, dass die Natur der wirkliche Gleichmacher ist. Kein Teil unseres Ökosystems ist letztendlich wichtiger oder wertvoller als ein anderer Teil, uns eingeschlossen. Sie mögen darum kämpfen, der Herr oder die Herrin Ihres Lebensbereichs zu sein, aber in Ihrem Garten sind Sie nicht wichtiger als eine Blattlaus! Es existiert eine Verbindung von allem mit allem um uns herum, die uns, wenn wir uns auf sie einlassen, ständig daran erinnert, die richtige Perspektive zu wahren.

Sie müssen nicht zum Grand Canyon oder in den Dschungel Zentralamerikas reisen, um die erstaunliche Prachtentfaltung der Natur zu beobachten. Sie ist für jeden von uns zugänglich, in unserem eigenen Garten oder auf der Straße. Es kommt nicht darauf an, ob Sie auf einem zehn Hektar großen Grundstück oder in einer Stadtwohnung leben: Sie finden die Natur überall, und sie steht Ihnen jederzeit zur Verfügung.

Bei der Kreativität geht es darum, lebendig zu werden und voller Inspiration mit der Umwelt zu interagieren. Und mit dem Beobachten fängt alles an. Schon allein das bewusste Berühren, Lauschen, Riechen und Wahrnehmen eröffnen uns die Türen zu einem höheren Bewusstsein, aus dem heraus Sie die fruchtbare Erde Ihres kreativen Geistes bestellen können.

ZUM AUSPROBIEREN

Besorgen Sie sich zu Beginn ein leeres Notizbuch, das Ihnen bei unserem gemeinsamen Projekt als Naturtagebuch dienen soll. Lassen Sie sich Zeit, wenn Sie Ihre Wahl treffen. Sie sollten ein Notizbuch kaufen, das Ihnen wirklich gefällt und das Sie auch optisch ansprechend finden (und natürlich eines, in das sich leicht schreiben lässt).

Sobald Sie ein Tagebuch besorgt haben, unternehmen Sie bitte einen »Naturgang«, wie ich es nenne. Naturgänge sind einfach nur zehn- bis fünfzehnminütige Spaziergänge, für die Sie sich jeden Tag ins Freie begeben und bei denen Sie auf mindestens einen Aspekt der Natur bis ins kleinste Detail achten. Das kann ein einsames Herbstblatt auf dem Boden sein, das in Rot und Gold entflammt ist, oder das Unkraut, das sich durch einen Spalt im Asphalt gekämpft hat, oder auch der Geruch eines Holzfeuers. Bleiben Sie stehen und betrachten Sie eine Blume von nahem. In der plüschigen Mitte einer Sonnenblume befindet sich ein ganzes Universum! Fahren Sie mit den Händen über einen Baumstamm. Ziehen Sie die Schuhe aus und laufen Sie über den Rasen vor Ihrem Haus, auch wenn – und gerade wenn – man das in Ihrem Viertel eigentlich nicht tut. Achten Sie auf Geräusche und Gerüche, die Ihnen begegnen, und auf die Gefühle, die diese

Auf meinen täglichen Naturgängen suche ich mir gern etwas Bestimmtes aus – beispielsweise einen Baum oder eine Blume –, auf das ich dann jeden Tag einen Blick werfe. Auf diese Weise erlebe ich Tag für Tag all die winzigen Veränderungen mit, ganz nahe, wie ich es bei meinen Kindern getan habe, während sie aufwuchsen. Probieren Sie es aus – vielleicht weckt das in Ihnen ein Gefühl der Intimität und Vertrautheit mit einer winzigen Ecke der Natur.

Sinneseindrücke in Ihnen wecken. Wenn Sie von Ihrem Naturgang nach Hause kommen, nehmen Sie sich einige Minuten Zeit, um in Ihrem Notizbuch zu vermerken, was Sie beobachtet haben, und seien Sie dabei so genau wie möglich.

Ich möchte Sie dazu ermutigen, während unseres gesamten Projekts täglich einen Naturgang zu unternehmen. Auch wenn das keine große Sache ist, werden Sie feststellen, dass sich dadurch Ihre Sinne schärfen. Und wenn Sie die Vielzahl von Möglichkeiten und Veränderungen in der Natur erst wahrnehmen, werden Sie wahrscheinlich auch Elemente entdecken, die Sie in Ihren Garten integrieren möchten – Ihr ganz persönliches Naturwunder.

Große Geister denken alle ähnlich …

- Beethoven komponierte einen Großteil seiner Werke während er sich in der freien Natur aufhielt.
- Darwins Evolutionstheorie wurde nachhaltig von den vielen Stunden geprägt, die er mit der Beobachtung der Flora und Fauna in seinem Garten verbrachte.
- Leonardo da Vinci hat nie eine offizielle Schul- beziehungsweise Berufsausbildung genossen. Er behauptete, er habe alles, was er über Leben, Gestaltung, Konstruktion und Kunst wisse, einfach dadurch gelernt, dass er es der Natur abschaute.
- Winston Churchill saß während der schwierigsten Zeiten in seinem Amt oft stundenlang in seinem geliebten Garten und suchte dort nach Inspiration und Seelenfrieden.

Entdecken

Etwas neu wahrzunehmen, mit neuen Sinnen, heißt, Inspiration zu finden.
Henry David Thoreau

Häufig fürchtet man sich am meisten vor der Antwort auf die Frage: *Was will ich?* Die bloße Grenzenlosigkeit kann erdrückend wirken. Die Wahlmöglichkeiten scheinen so gewaltig, dass es praktisch unmöglich ist, sich für etwas zu entscheiden. Darum gibt es in Restaurants auch Speisekarten: Können Sie sich vorstellen, in ein Restaurant zu gehen, Platz zu nehmen und vom Kellner aus heiterem Himmel gefragt zu werden: »Was möchten Sie?« Ohne eine Auflistung spezifischer Wahlmöglichkeiten, die Ihren Appetit anregen und ein Bedürfnis wecken sollen, hätten Sie möglicherweise keine Ahnung, was Sie gerne essen möchten.

Als ich mich als Gartengestalterin selbstständig machte, fragte ich neue Kunden beim ersten Treffen, welche Art von Gärten und Pflanzen ihnen denn gefiele. Zweifelsohne ein Anfängerfehler, denn meistens gab es eine dieser zwei Reaktionen auf meine Frage: ein leerer Blick oder leichte Panik. Diese reizenden Menschen engagierten mich, um ihnen bei der Gestaltung ihres Gartens zu helfen, und ich fragte sie unumwunden nach dem, was sie wollten und was nicht. Schnell fand ich heraus, dass ich ein solches Projekt nicht mit einem direkten und entschlossenen Schlachtplan angehen durfte, sondern vielmehr in einem sensiblen und kostbaren Prozess begreifen musste, wovon diese Leute sich wirklich angezogen fühlten.

Viele von uns haben eigentlich keine Ahnung, was sie tief im Innern wirklich wollen. Ich habe mit einer Frau namens Donna gearbeitet, die sich mit 38 Jahren von ihrem Ehemann trennte. Als Donna in ihre neue Wohnung zog, sah sie sich voller Panik in den leeren Räumen um. Ihr ganzes Leben hatte sie in Wohnungen verbracht, die mehr oder weniger für sie ausgestattet worden waren – zuerst als Kind von ihrer Mutter und später als Ehefrau von einem professionellen Innenarchitekten. Jetzt hatte sie zum ersten Mal in ihrem Leben die Gelegenheit, einem Raum ganz allein Gestalt zu verleihen, aber sie hatte keine Ahnung, wo sie anfangen sollte. Obwohl sie zu diesem Zeitpunkt nach außen hin eine erfolgreiche Medienfrau war, hatte sie – was ihr Innenleben betraf – ein wenig den Weg aus den Augen verloren.

»Es war verrückt«, erzählte mir Donna später, als sie sich an diese Zeit erinnerte. »Ich war 38 Jahre alt und hatte absolut keine Ahnung, was mir gefiel – welcher Stil *mich* wirklich repräsentierte. Ich wusste, ich galt als ›stilsicher‹, aber ich wusste in Wirklichkeit nur ansatzweise, was mir gefallen könnte und was nicht.«

Donna gehört zu den unerschrockenen Typen, und so verwandelte sich ihre Panik innerhalb kürzester Zeit in Entschlossenheit. Sie begriff, dass sie, wenn sie schon den Mut hatte, eine Ehe zu beenden, die nicht gut für sie war, und einen Neuanfang zu wagen, dann auch sicher noch ein wenig tiefer graben und ihre ästhetischen Sehnsüchte aufdecken konnte. Sie fing langsam an, blätterte Kataloge und Zeitschriften durch, besuchte Ausstellungsräume und Möbelläden, Flohmärkte und Auktionen, um herauszufinden, was in ihr einen Funken entfachte und was sie abstieß. Schritt für Schritt traf sie erste Entscheidungen und füllte allmählich ihre Wohnung.

»Erstaunlicherweise wusste ich wirklich nicht, was ich alles aus mir heraus zutage fördern würde«, erinnerte sie sich. »Ich legte einfach los und dachte mir, ich würde schon sehen, was passiert. Ich wusste nicht, wie es letztendlich aussehen würde – es hätte leicht ein schrecklicher Mischmasch werden können!«

Doch es war alles andere als schrecklich. Ich weiß noch, wie ich sie ungefähr sechs Monate nach ihrem Einzug in die neue Wohnung zum ersten Mal besuchte. Ich konnte es kaum glauben: Donna, meine taffe Freundin, die sich von niemandem etwas gefallen ließ, lebte in einer Wohnung mit entzückenden Möbeln im Queen-Anne-Stil, mit alten Spitzenvorhängen und einem exquisiten antiken Sekretär. Ich werde nie vergessen, was sie zu mir sagte, als ich mich erstaunt umsah: »Ja, ich liebe dieses blumige Mädchenzeugs. Wer hätte das gedacht?«

Infolge ihrer Begeisterung für Antiquitäten und für alle schönen Dinge verbringt Donna ihre Wochenenden damit, auf Flohmärkten und in Läden nach handbesticktem Leinen,

Porzellan und Ähnlichem zu stöbern. Schließlich hat sie sogar ihrem Produzenten vorgeschlagen, eine Serie über die oft urkomische Welt der Sammler zu drehen, die sie selbst moderieren möchte. Mit Hilfe ihrer Sehnsüchte hat sie zu einem wahrhaft authentischen Leben gefunden, das ihr Herz und ihre Seele nährt.

Fangen Sie also an, Ihre authentischen Wurzeln auszugraben, indem Sie zunächst Ihre eigenen Wünsche entdecken. Um etwas zu erschaffen, das in Ihnen wahrhaft etwas zum Klingen bringt, müssen Sie zuerst wissen, was nach Ihnen ruft. Ansonsten tappen Sie nur im Dunkeln herum und beschäftigen sich unzulänglich mit diesem oder jenem – ein Prozess, durch den Sie ja vielleicht zu einer Lösung kommen mögen, vielleicht aber auch nicht. Natürlich kann das Ergebnis trotzdem ganz nett sein, aber was haben Sie dadurch wirklich gewonnen? Haben Sie etwas über sich selbst gelernt? Sind Sie als Mensch gewachsen?

Im Garten gibt es buchstäblich Tausende von Wahlmöglichkeiten, die Sie umsetzen können. Das kann etwas überwältigend sein. Anstatt meine Kunden immer noch rundheraus zu fragen, was sie wollen, führe ich sie heute durch die nachfolgende Übung. Probieren Sie es aus ... Möglicherweise werden Sie überrascht sein, was nach Ihnen ruft.

ZUM AUSPROBIEREN

Besorgen Sie sich alle Garten- und Wohnzeitschriften, die Sie in die Hände bekommen können, beispielsweise *Gärtnern leicht gemacht, Mein schöner Garten, Garten & Wohnen, Architektur und Wohnen* und *Gartenzeitung*. Ich schlage Ihnen auch vor, einige Gartenkataloge anzufordern, beispielsweise von FloraPrima, Bakker, Willemse oder Ahrens + Sieberz. Wenn Sie möchten, können Sie auch Lifestylepublikationen hinzufügen, wie *Country Style, Homes & Gardens* oder *Garden Style*.

Planen Sie etwas Zeit ein und blättern Sie diese Magazine durch. Markieren Sie alles, was Ihre Aufmerksamkeit weckt und mit Gärten zu tun hat. Das können Blumen sein, ein fertiges Gartenbeet, eine Baumart, ein Brunnen, eine Pergola oder einfach das Gesamtbild eines Gartens. Reißen Sie alles heraus, was Sie anspricht. Zensieren Sie sich nicht – es gibt keine Regeln. Die Übung soll einfach nur Spaß machen. Reißen Sie aus, was Ihnen positiv ins Auge sticht. Legen Sie eine Pause ein, wenn Ihnen danach ist. Sie müssen nicht an einem einzigen Nachmittag die Inspirationen für einen ganzen Garten sammeln.

Wenn möglich, kaufen Sie sich auch einige Gartenbücher, die Ihnen spontan zusagen. Blättern Sie die Bücher durch und markieren Sie mit gelben Klebezetteln diejenigen Seiten, die Sie besonders ansprechen, auch wenn Sie sich nicht erklären können, warum das so ist.

Versuchen Sie, bei Ihrer Suche und Tagträumerei das »Wie-soll-das-gehen?«-Element auszuklammern. Das ist der

Zensor Ihres Verstandes, der versucht, Ihnen Grenzen zu setzen. Wir Menschen zensieren uns ständig, aber diese Übung soll ein reines Brainstorming sein. Machen Sie sich keine Gedanken, was Sie mit dem angesammelten Material anfangen sollen oder wie Sie es in Ihrem eigenen Garten umsetzen können. Lassen Sie einfach zu, dass Ihnen bestimmte Sachen gefallen. Mit der Umsetzung beschäftigen wir uns später. Im Augenblick sollten Sie sich das Vergnügen gönnen, diejenigen Dinge zu finden, die Sie ansprechen, ohne ihnen eine Struktur oder Bedeutung geben zu wollen. Es ist wie der Anfang der Liebe.

Bei Übungen wie dieser bekommen wir es schnell mit der Angst zu tun, weil wir sofort davon ausgehen, wir müssten einen Plan erstellen – oder einen Grund beziehungsweise ein Motiv für unsere Vorlieben und Abneigungen finden. Prompt sind wir frustriert: *Das schaffe ich niemals ... Das ist doch unmöglich!* Der Schlüssel zur Überwindung dieser Hemmschwelle ist die Erkenntnis, dass es sich bei diesem Frust ganz einfach um *Angst* handelt. Sie müssen nicht dagegen angehen, Sie müssen nichts erklären, Sie müssen jetzt keinerlei Probleme lösen. Dieser Moment dreht sich einzig und allein um den Spaß. Lassen Sie einfach los und träumen Sie!

Diese Übung hilft Ihnen, Ihre Vorlieben und Abneigungen kennen zu lernen und dadurch vertrauter mit Ihren Sehnsüchten zu werden. Wenn Sie sich Ihre Vorlieben und Abneigungen ehrlich eingestehen, befreit Sie das von der Tyrannei der *Meinung anderer Leute,* die oft Ihre wirklichen Sehnsüchte verschleiert. Außerdem ist es eine großartige Möglichkeit, die

Namen und Arten von Blumen zu erfahren, die Sie mögen. Und wenn dann die Zeit gekommen ist, um Ihre eigene Wahl zu treffen, haben Sie ein besseres Gespür dafür, was es da draußen alles gibt.

Bewahren Sie die Seiten, die Sie ausgerissen haben, an einem sicheren Ort auf, denn wir werden in einer späteren Übung auf sie zurückgreifen.

Sich erinnern

Gott hat uns das Erinnerungsvermögen geschenkt, damit es für uns Rosen im Dezember gibt.

J. M. Barrie

Unsere Erinnerungen sind eine reiche Quelle der Inspiration. Tatsächlich ist das Erinnerungsvermögen für die meisten Schriftsteller wie eine Schatztruhe, in der sie alles aufbewahren, was sie sehen, hören und fühlen, um später eine Figur zu entwerfen oder eine Metapher zu formulieren.

Denken Sie – jetzt sofort – an eine positive ästhetische Erfahrung, die Ihnen im Gedächtnis haften geblieben ist. Dies kann ein Ort sein, ein Ausblick, die Stimmung eines Gemäldes oder der Duft des selbst gebackenen Apfelkuchens Ihrer Mutter, der an einem kühlen Herbstnachmittag aus der Küche ihrer Eltern drang. Wie fühlen Sie sich bei dieser Erinnerung? Was ruft sie in Ihnen wach?

Wir bewahren alle angenehmen Erinnerungen in unserem Unterbewusstsein auf; sie bestimmen, wen und was wir lieben – und das gilt in besonderem Maße für Gärten und Natur. Gärten rufen eine sehr starke Reaktion in uns hervor, ganz urtümlich, wie die Reaktion auf Kunst oder Kinder. Es ist erstaunlich, wie machtvoll unsere Erinnerungen an die Natur sein können, und wenn wir diese Erinnerungen an die Oberfläche bringen, nehmen wir unsere Sensibilität und das, was ich unser »Gartenbewusstsein« nenne, in Besitz. Unsere Erinnerungen sind wesentlicher Bestandteil unserer Persönlichkeit, und allein schon das Zutagefördern von Gartenerinnerungen verbindet uns auf ein Neues mit den authentischen Wurzeln in unserem Innern.

Ich habe unzählige persönliche Erinnerungen an Gärten, die das beeinflussten, was ich heute liebe. Ich erinnere mich deutlich daran, wie ich auf dem Rücksitz des Chevrolets meiner Eltern saß und mein Vater vor unserem neuen Haus in Rochester anhielt. Ich war damals acht Jahre alt. Es war ein altes, weißes Schindelhaus auf einem schmalen Grundstück, dessen Vorgarten von einer uralten Weide beherrscht wurde. Als ich aus dem Wagen stieg, streifte etwas mein Bein – eine Blume, die in dem Beet gepflanzt war, das unser Grundstück von dem der Nachbarn trennte. Als ich nach unten sah, um dieses fedrige Etwas zu betrachten, das mein Bein gestreift hatte, wurde ich von einer Schönheit gefangen genommen, wie ich sie noch nie zuvor gesehen hatte. Es war eine grandiose magentafarbene Pfingstrose (obwohl ich den Namen damals natürlich noch nicht kannte). Ich beugte mich nach unten, um ihren herrlichen Duft einzuatmen, hingerissen vor Ehrfurcht angesichts der Wirkung, die diese Blume auf mich ausübte. Ich erinnere mich an diesen Augenblick, als sei es gestern gewesen. Und als ich mich das erste Mal richtig mit Gartenarbeit beschäftigte, was glauben Sie wohl, was ich da in Hülle und Fülle besorgte? Natürlich Pfingstrosen.

Im Laufe der Jahre habe ich meine Kunden stets ermutigt, ihre eigenen Erinnerungsdatenbanken nach ähnlichen Begebenheiten abzusuchen. Und so vertrauten sie mir ihre Träume an, wie sie sich etwa an Weinranken über Gartenbäche schwangen, Geranientöpfe auf winzigen Feuertreppen gossen, Festungen in Wäldern bauten und Baseball auf großen Rasenflächen spielten. Eine Kundin erinnerte sich an die Szene aus *Der Zauberer von Oz*, in der Dorothy und die Vogelscheuche in einem Feld voll leuchtender Mohnblumen aufwachen (zufällig auch meine Lieblingsszene), einer anderen fiel wieder ein, wie sie mit ihren Freundinnen in ihrer Kindheit Eicheln sammelte und so tat, als sei sie die Pioniersfrau Laura Ingalls Wilder aus *Unsere kleine Farm* und müsste sich für den Winter Vorräte anlegen. Es ist erstaunlich, woran sich die Menschen alles erinnern.

Häufig behaupten meine Kunden zu Anfang, sie könnten sich an gar nichts erinnern, aber dann tauchen mit der Zeit doch deutliche Erinnerungen auf. Vera, eine Frau Ende fünfzig, die an einem meiner Workshops teilnahm, sah mich argwöhnisch an, als ich ihr diese Übung vorschlug. Da gebe es nichts, woran sie sich erinnern könne, meinte sie. Ich sagte, das sei in Ordnung; sie solle sich nur ein paar Tage Zeit lassen und abwarten, ob nicht doch etwas auftauche. Und tatsächlich, einige Tage später rief Vera an und erzählte mir, dass sie sich erinnerte, als Kind hinter der Farm ihrer Großeltern in Connecticut Himbeeren auf einem Feld gesammelt zu haben. Sie wusste plötzlich wieder, wie sehr es sie begeisterte, die prallen, reifen Beeren zu pflücken, und wie süß der klebrige

Saft schmeckte, wenn sie ihn sich von den Fingern schleckte. Sie klang so aufgeregt, dass ich sie einfach fragen musste, ob sie vielleicht etwas Obst und Gemüse in ihrem Garten anpflanzen wolle. Die Antwort? *Ja!*

ZUM AUSPROBIEREN

Setzen Sie sich mit geschlossenen Augen hin und atmen Sie tief ein und aus. Denken Sie an Begebenheiten aus Ihrer Kindheit, als Sie mit einem Element der Natur in Berührung kamen. Das kann eine herrliche Aussicht sein, die Ihnen den Atem raubte. Oder Sie wurden von einem plötzlichen Gewitter überrascht und total durchnässt. Oder es ist die Erinnerung an den berauschenden Duft einer Blume, als Sie an einem Sommerabend durch einen Park spazierten.

Schreiben Sie alles auf, woran Sie sich erinnern und was Sie dabei empfunden haben. Versuchen Sie, sich mit all Ihren Sinnen an diesen Augenblick zu erinnern, wie er aussah, sich anfühlte, roch und was Sie gehört haben. Wie fühlen Sie sich heute, wenn Sie darüber nachdenken?

Machen Sie sich keine Sorgen, wenn Ihnen spontan nichts einfällt. Setzen Sie sich mit diesen Fragen einfach eine Weile auseinander. Ich bin ziemlich sicher, dass ein paar Bilder auftauchen werden, manche nur als Schnappschüsse, andere als richtige Szenen. Schreiben Sie Ihre Antworten so detailliert wie möglich auf. All das gehört Ihnen – es ist Ihr Reservoir an sinnlichen Erfahrungen. Je intensiver Sie mit dem, was es da

Welcher Garten hat bis heute den größten Eindruck auf Sie gemacht? Versetzen Sie sich zurück, auch wenn es nur in einem Film, auf einer Postkarte oder in einem Buch war …

gibt, in Verbindung treten, desto besser sind Sie in der Lage, diese Vorlieben aus der Vergangenheit in eine greifbare Realität der Gegenwart zu verwandeln.

Die Übung hat einen enormen Wert: Unsere kindlichen Sinne sind unsere urtümlichsten Sinne, und wenn wir diese Erinnerungen wieder zum Leben erwecken, können wir die Aspekte der Natur offen legen, die für uns die größte Bedeutung haben. Wir alle besitzen Erinnerungen an eine Schönheit, die uns verwandelt hat, und wenn wir diese Erinnerungen anzapfen, finden wir einen Weg, uns jetzt mit Hilfe unserer Gärten mit diesen Wahrnehmungen und Emotionen zu umgeben.

Jedes Mal, wenn Sie Ihren Garten betreten, werden Sie das Gefühl haben, einen alten Freund zu besuchen – wie bei einer abgewetzten Lieblingsdecke, einem Lieblingsbuch voller Eselsohren oder dem Duft des blumigen Parfüms Ihrer Mutter vor so vielen Jahren. Das sind Erfahrungen, die unsere Gärten zu so viel mehr als nur zu einem hübschen Ort machen; sie verwandeln sie in den lebenden, atmenden Ausdruck der Erinnerungen, die mit unserem tiefsten Wesenskern verwoben sind.

... Das war die Art, die dem Baum entsprach. Er liebte die armen Leute. Von dieser Art war auch der Baum in Francies Hof. Seine Sonnenschirmchen kräuselten sich von allen Seiten um die Eisenstäbe der Rettungsleiter im dritten Stockwerk. Ein elfjähriges Kind, das auf dieser Leiter saß, konnte sich vorstellen, es lebe in einem Baum. Und Francie stellte sich dies jeden Samstagnachmittag im Sommer vor ...

Betty Smith, *Ein Baum wächst in Brooklyn*

Erforschen

Er sprang über den Zaun und sah, dass die ganze Natur ein einziger Garten war.
Horace Walpole

Wann haben Sie das letzte Mal etwas erforscht? Und damit meine ich nicht die Jagd auf etwas, wenn wir beispielsweise in ein Möbelgeschäft oder auf einen Flohmarkt gehen, um nach dem einen Stück zu suchen, das uns noch fehlt, sondern das Forschen aus keinem anderen Grund, als um herausfinden zu wollen, was da ist?

Wenn Sie damit anfangen, Ihre Vorstellungskraft hervorzulocken, kann das Erforschen ein wunderbarer Weg sein, um Möglichkeiten zu erkennen, die Sie ansonsten nie entdeckt hätten. Roger und Emily waren frisch vermählt, als sie sich in einem reizenden Vorort von Philadelphia ein Haus kauften. Als ich ihnen das erste Mal begegnete, erklärten sie mir, dass sie im Grunde genau denselben Vorgarten wie die anderen Häuser in ihrem Viertel haben wollten – mit einem gepflasterten Weg zur Haustür, ein paar immergrünen Büschen, ein paar einjährigen Farbtupfern und etwas Mulch oder Kiesel. Als ich sie fragte, was ihnen an diesem Stil so gefiel, warfen sie einander einen Blick zu, dann sahen sie mich an und räumten ein, dass sie es wirklich nicht wüssten. Roger meinte, es sähe eben nett aus, und Emily fügte hinzu, dass sie noch nie groß über Gartengestaltung nachgedacht habe. Sie gehe einfach davon aus, dass sich ihr Garten harmonisch in ihre Nachbarschaft einfügen sollte. Sie habe wirklich keine Ahnung, was man sonst noch machen könnte.

Ich schlug den beiden vor, das darauf folgende Wochenende auf Forschungsreise zu gehen. Sie mussten gar nicht weit fahren: Ich schlug einen Besuch im Scott Arboretum und in den berühmten Longwood Gardens der Du Ponts vor. Am Montag danach rief Emily an und erzählte mir, sie hätten sich auf ihrer Wanderschaft durch die verschiedenen Gärten herrlich amüsiert und sich auf den ersten Blick in den Rosengarten des Scott Arboretum verliebt. Zu dritt entwarfen wir daraufhin einen romantischen und üppigen Rosengarten für ihr Haus. Und stellen Sie sich vor – innerhalb eines Jahres riefen mich zwei ihrer Nachbarn an und baten mich, ihnen bei der Neugestaltung ihrer Vorgärten zu helfen!

ZUM AUSPROBIEREN

Begeben Sie sich auf eine Forschungsreise. Finden Sie heraus, was Sie mögen und was Sie anspricht. Gleichgültig, wo Sie wohnen, ich bin sicher, es gibt einen botanischen Garten oder einen Stadtpark mit einer Gartenanlage in der Nähe. Machen Sie dort einen Spaziergang mit offenen Augen: Welcher Gartenstil gefällt Ihnen am besten? Welcher spricht Sie an? Welche Blumen rauben Ihnen den Atem? Gibt es dort Elemente, die Sie mögen, beispielsweise einen kleinen Teich, gepflasterte Pfade oder eine Naturholzlaube? Eine weitere herrliche Möglichkeit für eine Forschungsreise: Setzen Sie sich in Ihren Wagen und fahren Sie einfach los. Schauen Sie sich genau an, wozu sich andere Leute entschieden haben, und fragen Sie sich, wie Ihnen das Ergebnis gefällt. Denken Sie daran, alles in Ihrem Naturtagebuch zu notieren; Sie müssen diese Informationen im Laufe unseres Projekts abrufen können.

Sobald Sie Ihren Blick erst einmal auf diese Weise geschult haben, werden Sie sicher feststellen, dass es jedes Mal ein kleines Abenteuer ist, wenn Sie sich nach draußen begeben. Sie sehen sich viel aufmerksamer um und werden vielleicht sogar angeregt, ein wenig weiter zu fahren und sich andere Gärten oder Naturschutzgebiete anzuschauen. Da draußen gibt es eine ganze Welt voll herrlicher Gärten!

Halten Sie Ausschau nach Gartenanlagen, die Sie ansprechen …

- Bänke
- Gartenhäuschen
- Statuen
- Lauben
- Veranden
- Brunnen
- Interessante antike Stücke
- Trittsteine
- Windspiele

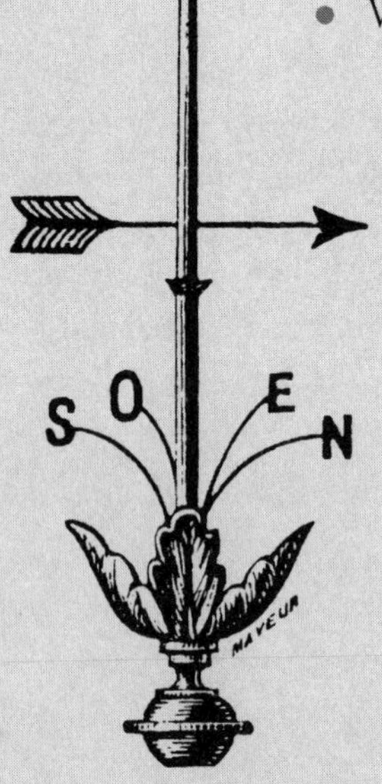

Herrliche Gärten für Ihre Forschungsreisen

- Chanticleer Gardens, Wayne (Pennsylvania), USA
- New York Botanical Garden, Bronx Park, New York, USA
- Monticello, Charlottesville (Virginia), USA
- Fairchild Tropical Gardens, Miami (Florida), USA
- Chicago Botanic Garden, Glencoe (Illinois), USA
- Desert Botanical Garden, Phoenix (Arizona), USA
- Styring Arboretum, San Francisco (Kalifornien), USA
- Japanese Garden, Portland (Oregon), USA
- Balmoral Castle, Schottland, Großbritannien
- Sissinghurst Gardens, Kent, Großbritannien
- Hidcote Manor Garden, Gloucestershire, Großbritannien
- Powis Castle Garden, Wales, Großbritannien
- Boboli-Garten, Florenz, Italien
- Villa d'Este, Tivoli, Italien

Sich neuen Möglichkeiten öffnen

Wage es, dir alles vorzustellen.
Henry Miller

Meine Freundin Isabel arbeitete ehrenamtlich in einem Altersheim. Häufig erzählte sie mir von einem älteren Herrn, der praktisch jede Frage oder Anregung mit »Nein«, »Das kann ich nicht« oder »Das ist unmöglich« konterte. Gleichgültig, was sie ihm vorschlug, er erklärte stets, dass es nicht funktionieren würde oder er es aus dem einen oder anderen Grund nicht tun könne. Es war unglaublich frustrierend, sich mit ihm zu unterhalten, denn wie Sie sich sicher vorstellen können, tat er nichts anderes, als über Situationen in seinem Leben zu jammern, über die er keine Kontrolle hatte und in denen es – seiner Meinung nach – keinerlei Alternativen für ihn gab. Er mochte beispielsweise das Essen im Heim nicht, aber als Isabel vorschlug, dem Küchenchef seine Vorlieben mitzuteilen, erwiderte er: »Wozu die Mühe? Der kann es ohnehin nicht so zubereiten, wie ich es mag.« Wenn es zugig war und sie ihn bat, einen Pulli überzuziehen, sagte er, das könne er nicht, weil der einzige Pulli, der ihm passe, Juckreiz hervorrufe. Er war in seinem Denken eindeutig verknöchert und entschlossen, so zu bleiben, wie er war, ungeachtet wie eingeschränkt oder unglücklich er sich dabei fühlte.

Dieser Mann hatte sich allen Möglichkeiten verschlossen. Seine Standardantworten »Das kann ich nicht« oder »Das funktioniert nicht« schienen ihm sicher und vertraut; jenseits dieser Grenze lagen alle möglichen Alternativen, die ihm zu viel Angst einjagten, um sie sich auch nur vorstellen zu wollen. Ein solches Verhalten trifft man oft bei älteren Leuten an, aber überraschend ist es, wie sehr diese Einstellung bei Menschen aller Altersgruppen vorherrscht. Es ist *eine* Sache, Gelegenheiten und Möglichkeiten zu entdecken, aber etwas ganz anderes, unsere Angst zu besiegen und uns tatsächlich auf eine Möglichkeit einzulassen.

Wenn wir uns neuen Möglichkeiten öffnen, können wir zu neuen Lösungen, zu neuen Daseinsformen und zu neuen Ideen finden, wo es zuvor womöglich gar keine gab. Wenn wir ein Problem betrachten und überlegen, was funktionieren könnte, denken wir kreativ. Wenn wir Umstände und Situationen betrachten und ein Brainstorming machen, erschaffen wir mental neue Wirklichkeiten. In diesen Augenblicken, in denen wir uns Schritt für Schritt über die Grenze dessen, was für uns sicher und vertraut ist, hinausbewegen und auf neues Terrain wagen, setzen wir einen Dominoeffekt von einer Möglichkeit zur nächsten in Gang. *Nein* ist eine Sackgassenantwort, *vielleicht* ist der Schlüssel zu neuen Möglichkeiten.

Wir können uns beibringen, immer nach dem Möglichen Ausschau zu halten – das ist das Wesen der Kreativität. Nehmen wir an, Sie sehen sich mit einer Frage konfrontiert, auf die es eine Vielzahl von Antworten geben könnte. Stellen wir uns weiterhin vor, dass Sie eine schwierige Aufgabe zu bewältigen haben – etwas, das noch keiner von Ihnen getan hat. Es gibt keinen Vorgehensplan, keine persönlichen Erfahrungswerte, aber Sie müssen einen Weg finden, es in die Tat umzusetzen. Während Sie über verschiedene Lösungsansätze und Ideen nachdenken, verspüren Sie vielleicht Angst oder Frust, und die Sackgassengedanken fangen an, sich aufzuspulen:

Das ist unmöglich.
Das ist eigentlich gar nicht meine Aufgabe …
Ich bin dafür nicht qualifiziert.
Das ist lächerlich; ich lasse es einfach sein.

Schon sind Sie auf dem Weg zur Unmöglichkeit und senden Signale an Ihr Gehirn, in dieser Richtung weiterzumachen. In diesem Augenblick haben Sie die Wahl: Entweder öffnen Sie weiter jene neuralen Pfade, die Ihnen diktieren, Sie hätten keine Optionen, oder Sie halten diesen Prozess auf und entscheiden sich bewusst dafür, sich neue Möglichkeiten vorzustellen. Vielleicht haben Sie nicht die leiseste Ahnung, wie diese Möglichkeiten aussehen könnten, aber indem Sie sich der Chance öffnen, dass es da draußen eine Lösung gibt, programmieren Sie Ihr Gehirn zu kreativem Denken. In diesem Moment schieben Sie die Frage, wie sich das Problem lösen lässt, zur Seite und lassen es in Ihrem Unterbewusstsein schlummern. Irgendwann gehen Sie dann vielleicht über die Straße und kommen an einer Werbetafel vorbei, die Ihnen eine Inspiration schenkt, und – *peng!* – haben Sie Ihre Antwort. Brillant!

Bei der Gestaltung eines Gartens geht es im Grunde darum, Möglichkeiten zu eröffnen – man steht gewissermaßen vor einer leeren Leinwand, sieht sich dem Unvertrauten gegenüber und öffnet seinen Geist, um das zu sehen, was sein könnte. Cordelia, eine ruhige, nachdenkliche, junge Mutter von drei Kindern, erzählte mir, dass sie sich auf dem Gartengrundstück hinter ihrem Haus ein friedliches Rückzugsgebiet wünsche. Sie wollte einen Ort, an dem sie lesen und sich von dem Druck des Alltagslebens eine Atempause gönnen konnte. Sie wusste, es sollte idyllisch und heiter sein, hatte aber absolut keine Ahnung, wie sie eine solche Atmosphäre in einem flachen, öden Vorortgarten hervorrufen könnte. Jahrelang hatte sie in dem Glauben gelebt, das ließe sich nicht machen, das Grundstück sei zu durchschnittlich und die Kosten zu hoch. Schließlich bekam ihre luftdichte Überzeugung, dass es unmöglich sei, wohl an dem Tag, als ihr jüngstes Kind in den Kindergarten kam, einen winzigen Riss, und sie rief mich mit der Bitte um Unterstützung an.

Als Cordelia und ich ihr Grundstück auf der Suche nach einer geeigneten Stelle abschritten, erzählte ich ihr von meiner absoluten Lieblingsgärtnerin Vita Sackville-West, die zusammen mit ihrem Ehemann Harold Nicolson den legendären Garten von Sissinghurst Castle in England erschaffen hatte. Als Vita und Harold Sissinghurst kauften, war es eine Ruine und das Land drum herum alles andere als einladend. Obwohl sie keine diesbezügliche Ausbildung und auch keine gärtnerische Erfahrung hatten, schufen Harold und Vita durch die bloße Willenskraft von Vita und ihre unheimliche

Fähigkeit, Möglichkeiten zu sehen, wo alle anderen nur Unausführbarkeiten wahrnahmen, einen der außergewöhnlichsten Gärten von ganz England. Es war Vita, die mich inspirierte, als ich damals anfing: Wenn sie aus Ruinen eine solche Schönheit schaffen konnte, dann konnte ich ganz sicher den Steilhang in meinem Garten in etwas Wunderbares verwandeln.

Cordelia – nicht ich – fand die kleine Lichtung in der hintersten linken Ecke ihres Gartens, die perfekt geeignet war. Als Cordelia mir die Bilder zeigte, die sie aus Zeitschriften ausgerissen hatte (siehe unsere Übung im Kapitel *Entdecken*), fiel mir auf, dass auf sehr vielen von ihnen Wasser abgebildet war – Bäche, Brunnen und ähnliches. Ich schlug Cordelia vor, einen kleinen Teich anzulegen, an dessen Ufer eine Bank zum Ausruhen stehen könnte, mit einer Vielzahl von blühenden Sträuchern und Bäumen dahinter, die ihr eine Privatsphäre ermöglichten.

»Aber hier gibt es kein Wasser!«, rief sie ungläubig. »Wie sollen wir das denn machen?«

»Das ist durchaus möglich«, versicherte ich ihr. Einen Teich auszuheben ist gar nicht so schwer, und nach einigen Wochen hatte Cordelia einen entzückenden, abgelegenen Teich. Das Beste an meiner Tätigkeit ist der Anblick des Gesichtsausdrucks meiner Kunden, wenn etwas, von dem sie lange geträumt und es immer für unmöglich gehalten haben, vor ihren Augen Gestalt annimmt. Deshalb werde ich auch niemals das Grinsen in Cordelias Gesicht vergessen, als wir die Aufgabe erledigt hatten. Sechs Jahre später bekomme ich im-

> Das Wunder ist, dass wir Bäume sehen und uns nicht stärker wundern.
>
> Ralph Waldo Emerson

mer noch Anrufe von Cordelia, und jedes Mal erstaunt es mich, wie viel weiter sie sich auf neues Terrain vorgewagt hat. Ihr jüngstes Projekt ist die Planung einer Allee aus Linden (ähnlich wie sie Vita und Harold entlang dem Kalksteinweg in Sissinghurst angelegt hatten). Was ihren Garten betrifft, so gibt es keinen Rest von *»Das geht nicht«* in ihr – und auch nicht in anderen Bereichen ihres Lebens, wie ich vermute.

Manchmal müssen erst andere uns darauf aufmerksam machen, dass vieles von dem, was wir uns wünschen, in der Tat möglich ist. Wir müssen nur in unserem tiefsten Innern etwas Mut ausgraben, das Unbekannte akzeptieren und unseren kreativen Geist zum Spielen auffordern. Dann finden wir Zugang zu unseren unendlichen Möglichkeiten und wachsen zu dem Menschen heran, der wir sein können.

ZUM AUSPROBIEREN

Fragen Sie sich: Was würde ich in meinem Garten realisieren, wenn ich alle Zeit und alles Geld der Welt hätte?

Spielen

Ich feiere und lade meine Seele zu Gast …
Walt Whitman

Eines Abends war ich im Haus meiner Freundin zum Abendessen eingeladen, als ihre fünfjährige Tochter Elizabeth die Treppe hinunterkam, in einem Prinzessinnenkostüm, wie es schien, behängt mit lauter Holzperlen und jeder Menge Strass – sie sah funkelnd und anbetungswürdig aus und ich sagte ihr, wie entzückend ihr Diadem sei.

»Willst du meinen Schmuck mal sehen?«, fragte Elizabeth aufgeregt und hüpfte auf kleinen Ballerinazehen auf und ab.

»Ach Süße, vielleicht ein anderes Mal«, erwiderte ich. »Deine Mami und ich wollen jetzt etwas Zeit miteinander verbringen.« Aber wissen Sie, was? Ich hätte wirklich sehr, sehr gern mit ihrem Schmuck gespielt! Was könnte lustiger – oder wichtiger – sein, als mit einer Fünfjährigen, die ich anbete, Verkleiden zu spielen?

Das wünschen wir uns doch alle: die Freiheit, verspielt und spontan zu sein und *Ja* zu sagen, wenn uns unsere erwachsene Vernunft diktiert, dass wir *Nein* oder *Jetzt nicht* sagen sollten. Das ist einer der Hauptgründe, warum ich die Gartenarbeit liebe. Ja, man muss viel arbeiten, und ja, es kann manchmal frustrierend sein, wenn sich die Dinge nicht so entwickeln, wie ich es mir erhofft habe, aber dann stehe ich an einem Nachmittag im Spätsommer auf meiner Terrasse, die Steine warm unter meinen nackten Füßen, mit einem Gartenschlauch in der Hand und überhaupt keiner Scheu, das kalte Wasser in alle Richtungen zu spritzen, sodass es schließlich meinen Rücken herunterrinnt und zwischen meine Zehen läuft. Wenn ich diesen Anfällen von Spontaneität nachgebe, bringt das eine Frische in mein Tun, sodass sich die Arbeit anschließend nicht mehr wie stumpfsinnige Schinderei anfühlt.

Spontan zu sein durchbricht sofort unsere selbst auferlegte Zensur und führt uns direkt in den grenzenlosen gegenwärtigen Augenblick. Mit Ende dreißig erlernte ich die Grundzüge des Improvisationstheaters bei Paul Sills, einem der Gründer des ersten Improvisationstheaters in den USA, dem *Compass* (das letztendlich zum *Second City Improvisational Theater* in Chicago wurde). Am ersten Tag des einwöchigen Workshops auf Pauls Farm in Wisconsin spielten wir ein Spiel namens »Den Ball werfen«. Es war so einfach, wie es klingt: Wir standen im Kreis und warfen irgendjemandem den Ball zu, ganz spontan, ohne darüber nachzudenken oder zu zögern. Anfangs fühlte es sich merkwürdig an, aber bald wurde klar, wenn einer von uns zu sehr versuchte, dabei cool oder besonders clever zu wirken, verfehlten wir den Sinn der Übung. Dieser lautete, in der Gegenwart zu bleiben und sich auf den Augenblick zu konzentrieren, damit wir bereit waren, alles zu empfangen, was in unsere Richtung kam.

Paul hat mehrere dieser Improvisationsspiele von seiner Mutter, Viola Spolin, gelernt, der Erfinderin der *Spolin Theater*

Games. Sie entdeckte, dass mit Hilfe solcher Spiele die Studenten ihrer Schauspielschule in Hollywood nicht nur ihre Unsicherheiten vergaßen, sondern auch ihre Verspieltheit, Spontaneität und Kreativität wiederentdeckten.

Nur der Erwachsenenverstand kennt Befangenheit; Kinder spielen ganz natürlich, ohne sich darüber zu sorgen, ob sie dabei dumm aussehen. Glauben Sie mir, als meine vierjährige Nichte und mein sechsjähriger Neffe mit mir auf einer atemlosen Jagd nach Kobolden durch das Haus stürmten, machten sich die beiden keine Gedanken, ob sie dabei lächerlich wirkten. Sie taten es einfach, ohne Hintergedanken, die sie davon abhielten, ganz sie selbst zu sein. Wenn wir loslassen und zu diesem Zustand zurückkehren, dann begeben wir uns gewissermaßen in einen veränderten Bewusstseinszustand, in dem wir über jeder (Selbst-)Kritik stehen. Wir machen uns keine Sorgen mehr, wie wir aussehen und wie wir klingen, sondern sind einfach der Mensch, der wir sind.

Aus der Spontaneität heraus entstehen manchmal die besten Ideen und kreativsten Lösungen. Einmal las ich einen Artikel über eine Schauspielerin, die in den Siebzigerjahren für ihr ausgefallenes und trendsetzendes Modegefühl bekannt war. Wann immer diese Schauspielerin keine Ahnung hatte, was sie anziehen sollte, stellte sie einfach willkürlich verschiedene Ensembles zusammen, bis ihr eines davon ins Auge stach. Dabei klammerte sie ihre normalen »Regeln« aus – *nie Blau zu Rot, keine Pumps zu Jeans, keine Strohhüte im Winter* – und erlaubte sich einfach, mit den lustigen Sachen in ihrem Kleiderschrank Verkleiden zu spielen. In solchen Augenblicken, erzählte sie, habe sie für gewöhnlich die innovativsten und fabelhaftesten Kombinationen zusammengestellt, von denen viele große Modetrends begründeten, nur weil sie diese Sachen trug.

Beim Spielen lassen wir die Kreativität arbeiten. Es ist eine Einstellung, eine Geisteshaltung, ein Standpunkt und vor allem ein Lebensstil. Es ist der Vorsatz, in jeder Handlung wahre Freude zu finden, wobei wir uns wenig oder gar keine Sorgen um das Ergebnis machen. In seiner reinsten, kindlichsten Form ist das Spiel der Ausdruck des Menschen, der wir wirklich sind – wenn wir denn denjenigen, der wir zu sein versuchen, loslassen können.

Ein solches Spiel ist nicht leichtfertig – ganz im Gegenteil. Laut einer psychologischen Theorie ist die Intoleranz gegenüber einer spielerischen Einstellung eines der größten Hindernisse bei der kreativen Problemlösung. Man kann nicht kreativ sein, ohne verspielt zu sein – das funktioniert einfach nicht. Das Spielen ist in vielerlei Hinsicht überlebenswichtig für unser Wohlbefinden. Es erhöht die Freude, reduziert den Stress und, was vielleicht am wichtigsten ist, es zwingt uns, die termin- und ergebnisorientierte und häufig starre Persona auszurangieren, sodass wir unser Unterbewusstsein von der Leine und die wahre Kunst des Menschen, der wir wirklich sind, hervortreten lassen können. Wie Stephen Nachmanovitch, Cellist und Autor von *Free Play: Improvisation in Life and Art*, einmal sagte: »Damit Kunst entstehen kann, müssen wir uns aus dem Weg räumen.«

Mit diesem Buch möchte ich Sie anregen, in Ihrem Garten zu spielen. Spielen Sie mit dem Erdreich, spielen Sie mit

Ideen, spielen Sie mit neuen Projekten, spielen Sie mit Möglichkeiten – nicht nur jetzt, in diesen ersten Phasen, sondern jeden Tag, den Sie in Ihrem Garten verbringen. Lassen Sie Ihren Verstand neue Farbkombinationen erstellen, fahren Sie mit den Händen durch das Laub und streichen Sie über Blütenblätter, wirbeln Sie barfuß unter dem mitternächtlichen Sternenhimmel herum. Laden Sie Kinder ein, an Ihren Blumen zu riechen. Soll sich doch Ihr Hund im taufrischen Morgengras wälzen. Erlauben Sie sich, schmutzig zu werden und Spaß zu haben! Worin sonst sollte der Sinn der Gartenarbeit liegen?

ZUM AUSPROBIEREN

Die folgende Übung ist wahrscheinlich die beliebteste in meinen Workshops. Begeben Sie sich zum nächstbesten Straßenhändler, der Blumen verkauft (ich empfehle für diese Übung Straßenhändler und keine Floristen, weil ein Blumenladen unnötig teuer sein kann). Suchen Sie sich so viele Blumen aus, wie Sie sich leisten und wie Sie tragen können. Lassen Sie Ihren Blick streifen und fügen Sie Ihrem Strauß alles hinzu, was Ihnen gefällt. Idealerweise sollten Sie wenigstens drei verschiedene Blumensorten in unterschiedlichen Farben wählen, dazu etwas Grün und anderes Füllmaterial wie Weidenzweige und Schleier- oder Johanniskraut.

Wenn Sie nach Hause kommen, entfernen Sie überflüssige Blätter und schneiden Sie das untere Ende der Stiele diagonal ab. Am leichtesten geht das mit einer Gartenschere, die Sie zu

> Es ist kein Zufall, dass Blumen in so herrlichen Farben daherkommen. Die Blütenblätter sind die Prachtkleidung der Blume, mit der sie Bienen anlockt, um sich fortzupflanzen. Die Blüten mögen unschuldig aussehen, aber in Wirklichkeit sind sie ganz schön kokett!

moderaten Preisen in jedem Gartencenter finden. Legen Sie die Blumen in eine Spüle und füllen Sie diese mit kaltem Wasser, bis die unteren Enden der Stiele eingetaucht sind.

Holen Sie nun Vasen oder andere geeignete Behälter her. Denken Sie über Vasen hinaus: Sie können Teekessel, Einmachgläser, Trinkgläser, Übertöpfe oder Karaffen verwenden. Und legen Sie sich nicht auf eine bestimmte Größe fest – selbst der kleinste Becher oder Zahnstocherbehälter kann herrlich aussehen, wenn er eine blühende Rose beherbergt.

Jetzt kommt der lustige Teil. Legen Sie Ihre Lieblingsmusik auf, stöpseln Sie das Telefon aus und spielen Sie mit verschiedenen Arrangements. Experimentieren Sie mit einer Vielzahl von Kombinationen und finden Sie heraus, was Ihnen gefällt und was nicht. Achten Sie darauf, wie Farben, Formen, Blattstrukturen und Blütenblätter zusammenarbeiten. Wenn Sie mit einem Arrangement anfangen, das Ihnen plötzlich nicht mehr gefällt, dann nehmen Sie es auseinander und fangen Sie noch einmal von vorne an. Hierbei existieren keine Regeln, keine Grenzen und keine Ziele, die Sie erreichen müssten. Ich weiß, es gibt zahllose Bücher und Artikel darüber, wie man Blumen zu traumhaften Sträußen bindet, aber darum geht es jetzt nicht. Sie müssen kein professioneller Florist werden; schon das Streben nach Perfektion macht die ganze Übung zunichte. Es geht darum, loszulassen und zu spielen. Vertrauen Sie Ihren Augen und achten Sie auf Ihre interessanten Ideen.

Möglicherweise versucht eine kritische Stimme in Ihnen, die Übung zu sabotieren:

Ich kann das nicht.
Das fällt mir viel zu schwer.
In solchen Dingen bin ich einfach nicht gut.
Das ist doch dämlich.
Warum mache ich mir all diese Mühe?

Da spricht Ihr Ego, das sich erhebt, um dafür zu sorgen, dass Ihr kreativer Geist begraben bleibt, genau dort, wo das Ego ihn haben möchte, vielen Dank auch. Registrieren Sie einfach nur, wie sehr Sie sich selbst in Frage stellen und sich zensieren. Erlauben Sie Ihrer freundlichen inneren Stimme (und die ist da irgendwo!), Sie zu führen und zum Loslassen zu bewegen, damit Sie sich einfach dem Augenblick hingeben können. Denken Sie daran: Sie müssen nichts Herausragendes leisten. Sie müssen es nicht einmal ordentlich hinkriegen. Sie tun das nur zum Wohl der kindlichen Seele in Ihnen.

Diese Übung hat mancherlei Nutzen. Sie zeigt Ihnen, wie Sie Ihren Instinkten vertrauen können, wie Sie ein Bewusstsein für Farbe, Beschaffenheit, Form und Gestaltung entwi-

Einige Anregungen

- Eine Hand voll Flieder in einem grünen Einmachglas
- Die Blüten roter, gelber und rosafarbener Gerbera, die in einer großen Pastaschüssel schwimmen
- Violetter Rittersporn in einem blutroten Keramikkrug
- Einige voll erblühte Rosen verschiedenster Farbtöne in einem silbernen Bleistifthalter
- Bunte Wildblumen in einem Teekessel aus Kupfer
- Gelbe Rosen, orangefarbenes Löwenmäulchen und rotes Blut-Johanniskraut in einem glasierten, braunen Lehmtopf
- Verschiedene weiße Blumen mit viel Schleierkraut in einer eleganten Kristallvase
- Orangefarbene Lilien mit leuchtend fuchsienroten Gladiolen
- Flammend rote Klematis mit weißen Schneeballzweigen
- Hoher, tiefgrüner Spanischer Pfeffer, Sonnenblumen und dunkelgrüne Blätter
- Gänseblümchen in einem Zahnputzbecher

ckeln können (was Sie später brauchen werden). Außerdem zwingt Sie diese Übung, ganz im Augenblick zu verweilen. Sie weckt Experimentierfreude und Forscherdrang – allesamt wichtige Bestandteile der kreativen Gartenarbeit.

Wenn Sie Ihre Sträuße fertig arrangiert haben, stellen Sie sie an verschiedene Stellen in Ihrem Haus auf, wo Sie sie häufig sehen. Wechseln Sie jeden Tag das Wasser und beschneiden Sie die Stiele – dadurch setzen Sie Ihre Interaktion mit den Pflanzen fort und halten sie frisch. Das Leben mit diesen Blumenkombinationen gibt Ihnen im Kleinen einen Vorgeschmack auf ihre Schönheit, damit Sie bereits jetzt damit anfangen können, Ihre ästhetische Wertschätzung für das größere Projekt zu kultivieren.

Wie Sie Schnittblumen länger am Leben halten können:

- Schneiden Sie das untere Ende der Stiele mit der Gartenschere diagonal ab.
- Füllen Sie die Vasen zu zwei Drittel mit Leitungswasser und fügen Sie einen Teelöffel Zucker oder einen Esslöffel Haushaltsbleiche hinzu.
- Füllen Sie die Vase jeden zweiten Tag mit frischem Wasser auf oder ersetzen Sie das Wasser ganz.
- Kürzen Sie die Stielenden im Laufe der Woche mehrmals diagonal.

ZWEITE PHASE

Vision

Wie Sie Ihren Träumen Gestalt verleihen

In der ersten Phase haben wir unseren Geist aufgefordert, sich umzuschauen und die Beeren und Blumen der Fantasie aufzustöbern und einzusammeln. Es liegt eine ungeheure Kraft darin, unsere Vorlieben und Abneigungen, unsere Träume und Sehnsüchte, unsere ästhetischen Erinnerungen und Beobachtungen auf Spaziergängen in Besitz zu nehmen. Sie sind Wasser auf unsere kreative Mühle. Der nächste Schritt besteht darin, die so entstandenen Vorstellungen durchzugehen und sie nach Prioritäten zu ordnen. Auf diese Weise schaffen wir eine richtige Vision.

Eine Vision ist eine Art Bild, das in unserem Innern entsteht. Jedes Mal, wenn wir etwas erschaffen – einen Garten, einen festlich gedeckten Tisch oder ein neues Personalhandbuch für unsere Firma –, müssen wir unser Ziel zuerst vor unserem inneren Auge sehen. Eine Vision ist kein Plan; Pläne sind ordentlich und solide, wie Straßenkarten. Eine Vision ist eine Idee, die erst ganz allmählich konkret wird.

Manchmal tauchen Visionen unmittelbar, laut und deutlich auf. Auf einer Handwerksmesse traf ich einmal eine Töpferin, die mir erzählte, sie erlebe spontane Visionen von bunten Schüsseln und Bechern, die sie dann sofort auf ihrer Töpferscheibe realisiert und anschließend brennt. Eine Vision kann aber zunächst auch hinter einem Nebelschleier verborgen sein, nur der Schimmer einer Idee, die unter der Oberfläche dümpelt und sich Zeit lässt, um Gestalt anzunehmen. Keiner der beiden Wege ist besser oder schlechter; es sind einfach zwei unterschiedliche kreative Erfahrungen. Natürlich wäre es leichter, wenn all unsere Visionen Geistesblitze wären, aber für mich ist die Ausarbeitung einer Vision schon der halbe Spaß.

Visionen sind absolut notwendig, nicht nur für künstlerische Arbeiten oder innovative Lösungen, sondern auch für ein authentisches, selbstbestimmtes Leben. Wenn Sie keine Visionen haben, dann lassen Sie das Leben einfach so geschehen. Bei der Kreativität geht es nicht nur darum, die Dinge schöner oder geistreicher zu gestalten, sie ist ein Schlüsselelement bei der Entscheidung, ob Sie Ihr Leben formen oder ob das Leben Sie formt.

In der zweiten Phase lernen wir, wie wir unseren eigenen Stil definieren, unsere Bedürfnisse erfüllen und unseren Instinkten vertrauen können. Diese Aspekte sind wesentliche Bestandteile einer Vision, die *Sie* und Ihre individuellen Wünsche widerspiegelt – nicht nur für Ihren Garten, sondern für alles, was Sie in Ihrem Leben erschaffen wollen.

Die Einsamkeit begrüßen

Nicht eher, als bis wir verloren sind – mit andern Worten: bis wir die Welt verloren haben –, fangen wir an, uns selbst zu finden.

Henry David Thoreau

Einsamkeit ist eine wesentliche Voraussetzung für das Erschaffen von Visionen, ebenso wie für den gesamten kreativen Prozess. Die Entdeckung und Umsetzung dessen, was in uns steckt, ist ein einsames Unterfangen: Wir können unsere Erfahrungen anderen mitteilen, aber letztendlich vollzieht sich der Prozess nur in uns selbst und für uns allein.

Walden oder Hüttenleben im Walde von Thoreau gehört zu meinen Lieblingsbüchern, seit ich das Buch auf dem College das erste Mal gelesen habe. Es handelt von einem Mann, der fast zwei Jahre seines Lebens der Einsamkeit widmete, um all ihre Geheimnisse, Herausforderungen und Belohnungen kennen zu lernen. Können Sie sich vorstellen, zwei ganze Jahre ohne das Plärren des Fernsehgeräts zu verbringen, ohne Smalltalk und ohne die Meinungen anderer, die Ihre inneren Abläufe stören? Klingt für mich wie das Paradies!

Viele Menschen fürchten sich vor dem Alleinsein. Sie beschäftigen sich ständig mit Freunden und Plänen und schalten sogar den Fernsehapparat ein, wenn niemand in der Nähe ist, der sie unterhalten kann. Und doch können wir nur in der Stille die leise Stimme aus unserem Innern vernehmen. Rollo May hat das herrlich ausgedrückt, als er den Begriff *einsam* wie folgt definierte: »Man hält Abstand zu Ereignissen und bewahrt sich den Seelenfrieden, der nötig ist, um dem tieferen Selbst zu lauschen.« Wenn wir uns mit Freunde, Arbeit und Hobbys umgeben, ist das zwar schön, aber es geschieht auf Kosten unserer inneren Welt. Unsere Authentizität leidet. Sich im schäumenden Meer des Lebens zu verlieren und vom inneren Anker wegzudriften, kann dabei sehr leicht geschehen.

Vor einigen Jahren arbeitete ich kurze Zeit mit einer Frau namens Jo zusammen, für die ich das Grundstück um ihr Wochenendhaus im Bucks County neu gestalten sollte. Ich fuhr für ein Wochenende zu ihr, um in den Prozess einzusteigen, den ich in diesem Buch bereits umrissen habe, aber Jo konnte sich kaum konzentrieren. Ständig klingelte das Telefon, die Hunde wuselten um uns herum und sie hatte gleich drei Freundinnen übers Wochenende zu Gast, die sie unbedingt bei dem Beratungsgespräch dabei haben wollte. Jedes Mal, wenn ich Jo bat, mir von ihren Vorstellungen zu erzählen, meldete sich eine dieser Freundinnen zu Wort: »Ach Jo, du solltest unbedingt so eine geflieste Terrasse haben ... Wie wäre es mit Rosen? Rosen sind toll ... Ich habe eine Steinmauer vor meinem Haus, die einfach umwerfend aussieht ...« Zu jedem Vorschlag nickte Jo begeistert und rief: »Das machen wir!« Und das natürlich auch nur, wenn sie nicht gerade mich fragte, was sie meiner Meinung nach tun sollte.

Schon am Ende des ersten Tages wusste ich, dass ich nicht die richtige Gartengestalterin für Jo war. Es gab viele wunderbare Designer, die etwas Herrliches für sie erschaffen konnten, aber ich hatte mir schon vor langer Zeit vorgenommen, dass es bei mir nicht nur darum gehen sollte, reizende Gärten zu entwerfen, sondern auch darum, die reizenden Gärtner zu unterstützen und zum Erblühen zu bringen. Jo war nicht in der Lage, sich im Stillen auf ihre eigenen Gedanken einzulassen, und das stimmte mich traurig. Wer weiß, auf welch brillante Ideen sie gekommen wäre, wäre sie nur in der Lage gewesen, sich von der Kakofonie in ihrem Leben zu distanzieren, um einmal allein zu sein und sich auf sich selbst einstimmen zu können.

Bei Ihrer Suche nach einer Vision für Ihren Garten möchte ich Sie ermutigen, so oft wie möglich die Einsamkeit zu suchen. Fragen Sie andere nicht danach, was sie empfehlen. Erzählen Sie anderen nicht von Ihren Visionen und erkundigen Sie sich nicht nach deren Meinung. Später haben wir noch reichlich Zeit und Gelegenheit, uns Unterstützung zu holen, aber im Moment sollten Sie einfach allein sein und Ihre Aufmerksamkeit nach innen richten. Denken Sie daran, es geht darum, eine Vision zu schmieden, die für *Sie* eine Bedeutung hat und die in Ihnen und in Ihrem Herzen etwas zum Klingen bringt. Ihr Herz flüstert Ihnen für gewöhnlich seine geheimen Sehnsüchte nur dann zu, wenn Sie in sich gehen und dafür auch empfangsbereit sind.

Natürlich kann es bereichernd sein, die Gesellschaft anderer Menschen zu genießen und sich gemeinsam all die Freuden zu gönnen, die die Welt zu bieten hat; ich schlage nicht vor, dass wir uns alle abkapseln und Einsiedler werden sollten. Aber um wirklich zu unseren authentischen Wurzeln vorzustoßen, brauchen wir Zeit für uns selbst.

ZUM AUSPROBIEREN

Machen Sie weiterhin täglich Naturgänge, denn sie sind eine herrliche Möglichkeit, sinnvoll Zeit mit sich selbst zu verbringen. Schon zehn Minuten am Tag bewirken Wunder. Unsere Visionen werden klarer, wenn wir sie in der Stille unseres Geistes von der Leine lassen ...

Zum eigenen Stil finden

Folge deinem inneren Mondlicht; versteck den Wahnsinn nicht.

Allen Ginsberg

Wir haben alle unseren ganz eigenen Stil. Im Gegensatz zu dem, was viele Mode- und Lifestyle-Magazine uns glauben machen wollen, gibt es niemanden, der »keinen Stil« hat. Stil ist einfach die Art und Weise, wie eine bestimmte Person etwas macht. Ihr Stil kann kühn, elegant, klassisch, eklektisch, romantisch, maßgeschneidert, dramatisch oder verhalten sein – diese Liste lässt sich endlos fortführen. Irgendwie ist der Begriff *stilsicher* zu einem Kompliment geworden. Aber wir alle besitzen unser eigenes Stilgefühl, und das hat absolut nichts damit zu tun, ob wir das haben, was Stil-Gurus als »guten Geschmack« bezeichnen. Unser Stil ist einfach der Ausdruck unserer Anwesenheit in dieser Welt.

Der Künstler Robert Dash, der in seinem Heim im Osten Long Islands einen spektakulären Garten namens Madoo geschaffen hat, besitzt ein einzigartiges und außergewöhnliches Stilgefühl. Sein Garten ist ein wahrer Spielplatz für die Augen, mit knallbunten, schrulligen Strukturen und kurvenreichen Pfaden, die zu geheimen Wonnen und Enklaven führen. Als ich einen Artikel über diesen inspirierten Gärtner las und erfuhr, wie er sich selbst zum Ausdruck brachte, war mir sofort klar, dass sein Garten nichts anderes als eine ästhetische Erweiterung seines innersten Wesens ist. Robert Dash selbst fasste das mit folgenden Worten zusammen: »Ich glaube, dass ein Garten, wenn er gut gemacht ist, einer Autobiografie gleichkommt. Es ist die Art und Weise, wie wir auf die Erde schreiben.«

Viele von uns fürchten sich vor ihrem persönlichen Stil – sie haben Angst, dass man sie für geschmacklos hält, oder schlimmer noch, dass man denkt, sie hätten keinen guten Geschmack. Aber Geschmack ist willkürlich! Wer kann wirklich sagen, was angemessen ist und was nicht? Ich glaube, so etwas wie guter Geschmack hat seinen Platz nur am Esstisch und in der Unterhaltung, wo gute Manieren und Taktgefühl im Allgemeinen sehr geschätzt werden. Aber wenn es um unser Heim, unsere Kleidung, unsere Gärten geht? Warum sollte jemand anderes das Recht haben, uns zu sagen, was für uns richtig ist?

John, ein höchst erfolgreicher Anlageberater, engagierte mich, um sein riesiges, neues Grundstück zu gestalten. Er konnte mir sehr präzise vermitteln, was er sich vorstellte: Die großen Eschen in der Mitte des Gartens mussten weg, dafür sollten ein Rondell aus gestutztem Buchsbaum her, ein geschmackvoller Brunnen und ein Steingarten, außerdem eine Steinterrasse, auf der er Kunden bewirten konnte. »Wenn es nach mir ginge«, sagte er lachend zu mir, »dann würde ich dieses ganze Zeug lassen und einfach nur ein Baumhaus zimmern und ein Baseballfeld anlegen!«

John begriff die Ironie seiner Worte nicht. Wenn es nach ihm ginge? Also wirklich! Warum ging es denn *nicht* nach ihm? Es war sein Haus, sein Grundstück und sein Geld. Wir unterhielten uns ein wenig, und John erklärte mir, er lade regelmäßig potenzielle Kunden übers Wochenende ein, um in angenehmer Atmosphäre über Geschäftliches zu reden, und diese Art von »wohlstandsorientierter« Umgebung entspreche genau dem, was sie erwarteten. Als ich ihn fragte, ob er glaube, seine Kunden würden ihn geringer schätzen, wenn sie sahen, wer er wirklich war, hatte er darauf keine Antwort parat. Darüber hatte er noch nie nachgedacht.

Von anderen akzeptiert zu werden ist ein emotionales Elixier, nach dem die meisten von uns dürsten – und diese Sehnsucht sitzt tief. Sie ist in unseren genetischen Code einprogrammiert. Vor Millionen von Jahren, in prähistorischer Zeit, konnte man nur überleben, wenn man Teil eines Stammes war. Der Stamm versorgte uns mit Lebensmitteln, Ressourcen, Obdach und Schutz. Außenseiter galten als Bedrohung und wurden für gewöhnlich getötet. Kurzum, Nonkonformismus war gleichbedeutend mit Tod. Und heute, Millionen von Jahren später, leben wir unabhängig im 21. Jahrhundert, und doch existiert die Bindung an den Stamm immer noch in unserem kollektiven Unbewussten, wie der Psychologe Carl Gustav Jung es nannte – in jenen geerbten Überzeugungen, tief unter der Oberfläche unseres Bewusstseins, die alle Menschen miteinander teilen, ungeachtet ihres momentanen Umfelds. Obwohl wir wachbewusst wissen, dass Nonkonformität nicht wirklich gleichbedeutend mit Tod ist, klammert sich das

> Die Gärten, die mir am besten gefallen, sind jene Gärten, die in hohem Maße den Charakter ihres Schöpfers widerspiegeln, ob sie nun eigenwillig, prächtig, elegant oder geheimnisvoll sind. Im besten Fall ist das Gestalten eines Gartens ein zutiefst persönliches Unterfangen, ein Spiegelbild Ihres Herzens und Ihrer Seele.

urtümliche Säugetiergehirn in unserem Kopf immer noch krampfhaft an diese Vorstellung.

Wir leben in einer Welt, die Gleichförmigkeit ermutigt, und wenn wir uns anpassen, werden wir mit Akzeptanz belohnt. Wir werden gelobt, wenn wir passende Partner heiraten, wenn unser Heim sauber ist und unsere Kleider dem Modetrend entsprechen. Wir wurden indoktriniert, »normal« zu sein, und das so sehr, dass wir unsere Individualität aus den Augen verloren haben. Ja, wir haben uns unseren Zeitgenossen angepasst und halten mit unseren Nachbarn mit, aber vermittelt uns das einen Einblick in den Menschen, der wir wirklich sind?

Natürlich bin ich nicht vollkommen, und auch ich kämpfe manchmal gegen den Instinkt an, mich anzupassen. Ich mag es gerne groß, kühn, prächtig und ausladend; eine nichtssagende, durchschnittliche Gartengestaltung ist nichts für mich. Wenn ich etwas Kleines pflanze oder auf Nummer sicher gehe, werde ich ganz bestimmt enttäuscht sein. Glauben Sie mir, diese Lektion musste ich viele Male lernen, und es war für mich eine lehrreiche Erfahrung.

Ich weiß noch, wie ich mir Holzstühle für Veranda und Garten besorgte. Ich kaufte sie unbehandelt, damit ich sie in dem leuchtenden Grün streichen konnte, das ich so liebe, aber dann riet mir eine Freundin, ich solle sie in einem zarten Rosaton streichen, denn Grün sei einfach zu schreiend. Sofort war mir meine Wahl peinlich, und ich stimmte ihr zu. Natürlich wusste ich in der Sekunde, als die Stühle fertig gestrichen waren, dass ich einen Fehler begangen hatte. Sie wirkten fade und langweilig, und es fehlte ihnen einfach das typisch »Franhafte«. Einige Tage und einige Schichten knalliges Grün später verwandelten sie sich in die eigenwilligen, fabelhaften Stühle, die ich ursprünglich visualisiert hatte.

Ich glaube, um authentisch zu leben, müssen wir aufhören, uns über die Meinung anderer Gedanken zu machen. Wir müssen bereit sein, außerhalb der Norm zu leben und Risiken einzugehen, anstatt das zu gefährden, was einzigartig und besonders an uns ist. Ich weiß, dass ich nicht in die typische Gartenwelt passe, und nach all den Jahren bin ich damit ziemlich glücklich. Mein Garten ist immer ein wenig unfertig, weil ich nie dazu komme, ihm den allerletzten Schliff zu geben. Wenn sich eine Besuchergruppe angemeldet hat, dann schaffe ich rasch Ordnung, aber abgesehen davon lebe ich mit einer schiefen Schubkarre unter der Glyzinienpergola und halb bepflanzten Töpfen in allen möglichen Ecken. Das ist mein Stil. Ich habe Unkraut und ich habe Fehler. Ich pflanze nicht streng nach dem Kalender. Manchmal lasse ich die toten

Sachen bis zum Ende des Sommers liegen, weil es mir gefällt, wie das Verdorrte neben dem blühenden neuen Leben wirkt. Ich habe immer das Gefühl, zwei Schritte hinterherzuhinken, aber das ist in Ordnung, denn so sieht meine Gartenarbeit eben aus. Wenn ich versuchte, es anders zu handhaben, würde ich nicht länger mein wahres Selbst zum Ausdruck bringen, und das würde bei mir einfach nicht funktionieren.

Ihr Garten kann ein wunderbares Labor sein, in dem Sie Ihren ureigensten Stil definieren und umsetzen. Vergessen Sie das Ziel, Passanten einen hübschen Anblick zu bieten, vergessen Sie, was die Hohepriester des Geschmacks diktieren oder welche Art von Garten momentan »in« ist. Das mag ja alles ganz entzückend aussehen, aber Sie wollen tiefer graben! Die nachfolgende Übung soll Ihnen helfen, Ihren ganz persönlichen Stil zu definieren.

ZUM AUSPROBIEREN

Sie brauchen jetzt die Fotos, die Sie bei der Entdeckungsübung ausgerissen haben (sollten Sie diese Übung noch nicht durchgeführt haben, dann holen Sie das bitte nach), ein großes Stück Pappkarton oder anderes festes Papier (ungefähr 60 auf 90 Zentimeter) und einen Klebestift.

Ordnen Sie all Ihre Fotos in Kategorien: ein Haufen für Blumen, ein weiterer für Bäume, Sträucher und Büsche, ein dritter für architektonische Elemente und so weiter. Anschließend arrangieren Sie jeden Haufen auf einer anderen Stelle Ihres Pappkartons. Im Allgemeinen lege ich die Blumen in eine Ecke, die Bäume in eine andere, die architektonischen Fotos in eine dritte Ecke und alle Pfade oder Wege in die vierte Ecke. In die Mitte kommen die »Stimmungs«-Fotos – diejenigen, die ich nicht wegen der Gärten ausgewählt habe, sondern weil sie ein bestimmtes Gefühl hervorrufen, das mir gefällt (beispielsweise ein Foto von einem einsamen Ruderboot auf einem stillen See oder eine Gruppe lachender Menschen auf einer lustigen Party im Freien). Kleben Sie die Fotos so fest, dass Sie alle gut sehen können.

Stilgefühl könnte

- altmodisch
- ausgefallen
- charmant
- eigenwillig
- einfach
- elegant
- exotisch
- geheimnisvoll
- heiter
- klassisch
- kühn
- minimalistisch
- modern
- romantisch
- wild

sein ...

oder eine Kombination dieser Eigenschaften!

Die Entscheidungen, die wir treffen, spiegeln im Allgemeinen unseren Stil wider, und wenn Sie sich Ihre Auswahl betrachten, wird ein Thema oder ein roter Faden auftauchen. Welches Gefühl überkommt Sie, wenn Sie sich die Fotos als Ganzes anschauen? Welche Elemente wiederholen sich? Wie würden Sie das (Stil-)Gefühl beschreiben, das Sie vor sich sehen? Sobald Sie Ihren Stil erkennen, nehmen Sie ihn in Besitz.

Dieses Storyboard soll Ihnen während des gesamten Projekts als emotionaler und visueller Bezugspunkt dienen. Sie können Bilder hinzufügen oder auch entfernen – ganz wie es Ihnen beliebt. Es ist ein Entwicklungsprozess, bei dem Sie ständig an der Vision Ihres Gartens feilen.

Ihrem Instinkt vertrauen

Wir müssen unseren Garten bestellen.
Voltaire

Tief in Ihrem Innern wissen Sie, was Ihnen gefällt. Sie wissen, was Sie anzieht. Sie wissen, was Ihnen gut tut. Wenn Sie daran zweifeln oder sich wie die überwiegende Mehrheit der Menschen völlig hilflos fühlen, sobald man Sie fragt, was Sie wollen, dann fehlt es Ihnen nicht an übermenschlicher Erkenntnis – Ihnen fehlt einfach das Vertrauen in sich selbst.

Instinkt wird als »natürliche Neigung oder Befähigung« definiert. Das Schlüsselwort lautet *natürlich*: Unsere Instinkte sind grundlegende Impulse, die vom Kern unserer Natur geformt werden. Wenn wir unseren Instinkten vertrauen und ihnen folgen, leben wir authentisch. Wir treffen Entscheidungen, die dem entsprechen, *wer wir sind* – zum Guten oder zum Schlechten. Egal, wie die Folgen unserer Entscheidungen aussehen, unser Leben wird dennoch klarer, stärker und besser sein, weil wir auf die leise Stimme in uns gehört und ihr gehorcht haben.

Seit meine Tochter Erika elf Jahre alt war, hat sie gleichzeitig zwei völlig verschiedene Leben geführt – zum einen als Vorortkind in Philadelphia und zum anderen mit ihrem Vater in seiner Heimatstadt Tel Aviv in Israel. In Amerika verbrachte sie ein relativ typisches und glückliches Teenagerleben, aber in Tel Aviv verspürte sie ein tiefes Gefühl der Zugehörigkeit. Im Winter ihres ersten Semesters an der Boston University reiste sie nach Tel Aviv, um dort einen Monat mit ihrem Dad und ihren Freunden zu verbringen, wie sie es immer tat, aber auf einmal war alles anders. Dieses Mal meldete sich der Teil in ihr laut und deutlich zu Wort, der wusste, dass sie versuchen musste, dort dauerhaft zu leben. Die Entscheidung fiel ihr nicht leicht (sie war nicht sicher, ob ich damit glücklich sein würde), aber sie folgte ihrem Instinkt und zog nach Israel, wo sie studierte und arbeitete. Als Mutter begrüßte ich ihren Mut, und vor allem lobte ich meine Tochter für den Entschluss, ihrem Instinkt zu folgen und wahrhaftig zu leben.

Erst wenn wir an unserem Instinkt zweifeln, wird die Sache verwirrend. Als ich damals meinen Garten neu anlegen wollte, wusste ich, dass ich einen Brunnen wie in der Alhambra haben wollte, diesem eleganten maurischen Palast im Süden Spaniens. Mein Brunnen sollte ein großer, zentraler Punkt am Ende einer langen, schmalen Allee im italienischen Stil sein. Der Maurer, den ich engagierte, erklärte jedoch beharrlich, die von mir vorgegebenen Maße seien zu groß, und schließlich fing ich an, meine ursprünglichen Instinkte in Frage zu stellen. Vielleicht hatte der Mann ja Recht, schließlich war er ein Profi. Letztendlich gab ich klein bei. Sie ahnen natürlich, dass der Brunnen dann viel zu klein wurde! Ich habe das lange Zeit bedauert, denn es war ein sehr teures Projekt; und ich hätte mich in den Hintern beißen können, weil ich mir nicht vertraut hatte. Heute, Jahre später, freue ich mich an meinem Brunnen, so wie er ist. Er ist eine Erinnerung an die Entwicklung meines Gartens und meines schwer verdienten Selbstvertrauens. Alles ist ein Prozess.

Jeder von uns kann Geschichten aus seinem Leben erzählen, als wir unseren Instinkten nicht folgten und das später bedauerten. Manchmal sind wir unsicher, dann wieder sind uns unsere Instinkte peinlich oder wir haben Angst, wohin sie uns führen könnten. Wir ignorieren unsere Intuition, weil es leichter ist, die Dinge einfach laufen zu lassen, als alles auf den Kopf zu stellen. Für gewöhnlich fallen die Ergebnisse dann jedoch nie wirklich befriedigend aus. Vielleicht haben Sie eine Stelle angenommen, von der Sie tief im Innern wussten, dass sie nichts für Sie ist. Oder Sie haben wider Ihr besseres Wissen einen großen Kauf getätigt, den Sie später bitter bereuten. Vielleicht haben Sie sich, so wie ich, von jemand anderem zu etwas überreden lassen, das nicht dem entsprach, was Sie eigentlich wollten. Für gewöhnlich bedauern wir es nicht, einen falschen Schritt getan zu haben, sondern wir bedauern, diesen falschen Schritt getan zu haben, obwohl wir tief im Innern bereits spürten, dass er falsch ist.

Wenn Sie dagegen Entscheidungen in Übereinstimmung mit Ihren Instinkten fällen, bauen Sie Selbstvertrauen auf. Sie begreifen, dass Sie sich auf sich selbst verlassen können. Wenn es Ihnen gelingt, dies kontinuierlich umzusetzen, wird Ihnen klar, dass Sie auf eine für Sie bedeutsame Weise durch Ihr Leben navigieren, gleichgültig was im Einzelnen passiert. Ihre Entscheidungen werden in Ihnen widerklingen, und Sie werden ein Leben erschaffen, das Sie wirklich aufbaut.

Vertrauen Sie dem, was Ihnen gefällt, was Sie anspricht und wovon Sie spüren, dass es in Ihrem Garten funktionieren wird. Wenn Sie glauben, er braucht auf der linken Seite etwas zum Ausgleich, dann ist das wahrscheinlich auch so. Wenn Sie das Gefühl haben, dass eine Wildblumenwiese das Richtige ist, dann wird es auch so sein. Wenn Sie wissen, dass ein gerader, gepflasterter Weg zu symmetrisch für Sie ist, dann verzichten Sie lieber darauf. Wenn Sie sich ein Gartenhäuschen wünschen, dann bauen Sie eines! Was kann denn schlimmstenfalls passieren? Im schlimmsten Fall haben Sie etwas in Ihrem Garten, das den kreativen Prozess widerspiegelt, in dem Sie sich gerade befinden. Sie können es entweder später ausmerzen oder tarnen, oder Sie werden sich, wie im Fall meines Brunnens, irgendwann mit seiner Unvollkommenheit anfreunden. Und im besten Fall werden sich Ihre Instinkte als absolut richtig erweisen und der Lohn dafür wird die physische Schönheit bei weitem übertreffen.

ZUM AUSPROBIEREN

Nehmen Sie sich etwas Zeit, um Momente in Ihrem Leben zu notieren, in denen Sie Ihren Instinkten folgten, sei es im Garten oder anderswo. Hier sind einige Beispiele, die ich von Freunden und Kunden gehört habe:

- Als ich auf einem Feld anstatt in einer Kirche heiratete.
- Als ich mein Schlafzimmer gelb gestrichen habe.

- Als ich bei einer Auktion meine Couch mit Samtbezug kaufte.
- Als ich mich von meinem langjährigen Freund trennte, weil ich wusste, dass die Beziehung nicht gut für mich war.
- Als ich von allen Hunden im Tierheim meinen Hund auswählte.
- Der Tag, an dem ich beschloss, in London auf die Schule zu gehen.

Manchmal fallen die Ergebnisse so aus, wie Sie es erhofft haben, und manchmal nicht. Wie auch immer, Sie sollen durch diese Übung wiederentdecken, was Sie empfunden haben, als Sie Ihren Instinkten folgten, ungeachtet des Ergebnisses.

Atmosphäre schaffen

Gärten bedeuten immer etwas anderes.
Der Mensch bedient sich stets einer Sache,
um eine ganz andere Sache zu sagen.
Robert Harrison

Mein Garten hat so viele verschiedene Stimmungen wie ich auch. An hellen, sonnigen Tagen strahlt er Fröhlichkeit aus. An stürmischen Tagen ist er wild und ruhelos. Im Herbst, wenn sich die Blätter rot und golden färben, wirkt er lieblich und weise angesichts der Veränderung. Mitten im Winter, wenn alles öde, weiß und kahl ist, erweckt er einen nachdenklichen, manchmal sogar ernsten Eindruck. Und wenn er am Frühlingsanfang wieder erblüht, lässt er hoffen.

Doch eine Konstante verbindet all seine Stimmungen und Gesichter: die Atmosphäre. Gleichgültig, wie hell oder dunkel, stürmisch oder kalt es ist, mein Garten hat eine ganz bestimmte Atmosphäre, die ihn definiert. In seiner Authentizität ist mein Garten *kühn*. Das bin ich, und das ist auch mein Garten: In unserem Wesen sind wir ein und dasselbe.

Als ich zum ersten Mal meine Vision für diesen Garten erschuf, machte ich den Fehler, meine Sehnsüchte herunterzuschrauben. *Nicht so groß*, hörte ich die kritische Stimme in meinem Kopf flüstern. *Schalte einen Gang zurück ... Das ist zu viel des*

Guten. Aber wie ich schon sagte, jedes Mal, wenn ich meinen größten, kühnsten Wünschen zuwiderhandelte, bedauerte ich das hinterher. Ich wollte, dass mein Garten ausgelassen und wild wird und vor Größe, Leben und Klängen nur so brummt!

Ein Punkt, über den ich immer wieder mit meinen Kunden spreche, wenn es um ihre Visionen geht, ist das Gefühl, das sie mit ihrem Garten ausdrücken wollen. Welchen Charakter soll der Garten haben? Welche Empfindungen wollen Sie wecken, wenn Sie sich in diesem Garten befinden? Das macht die Atmosphäre eines Gartens aus.

Beth, eine Bildhauerin und spirituelle Frau, die klare, schlichte Plastiken formte, wünschte sich einen Garten, der gelassene Heiterkeit verströmte – fast wie ein Heiligtum. Als sie die Elemente, die sie in ihrem Garten haben wollte, vor ihrem inneren Auge sah, bat ich sie, sich zu fragen: *Was rufen diese Bilder hervor?* Sie stellte sich diese Frage immer wieder, und bald darauf erkannten wir, dass die Mehrheit der Dinge, zu denen sich Beth hingezogen fühlte, in der Tat sehr viel mit Zen zu tun hatte – ein stiller Teich mit Fischen darin, eine Pergola aus Zedernholz, glatte Flusskiesel, ein Steingarten, weiße Blumen. Beth war Künstlerin, und ihre Vision nahm rasch Gestalt an. Es dauerte nicht lange, da hatte sie ihren künftigen Garten ganz klar vor Augen. Die Atmosphäre ihres Gartens würde heiter sein, aber nicht, weil sie es mühsam darauf angelegt hatte, sondern als natürliche Erweiterung ihrer inneren Gefühlslage.

Eine Atmosphäre zu schaffen ist eine äußerst diffizile Angelegenheit. Wenn Sie sich zu sehr bemühen, wird es offensichtlich und plump. Denken Sie nur an die Vorführräume großer Möbelketten: Die Designer wollen »urbane Eleganz« verkaufen und bauen jedes nur denkbare Detail ein, das diese Atmosphäre hervorruft – versilberte Tabletts, Glaskaraffen, Lederbänke, Schwarzweißfotos. Doch in dieser überladenen Offensichtlichkeit wirkt die Eleganz gekünstelt.

Die Kunst, eine Atmosphäre zu schaffen, geschieht durch Nuancen und Rhythmus, durch Stimmung und sorgfältige Planung. Die Kraft liegt in den perfekt aufeinander abgestimmten Details. Restaurants schaffen Atmosphäre durch die Beleuchtung – hell für ein Geschäftsessen, gedämpft für ein elegantes oder romantisches Dinner. Lehrer schaffen Atmosphäre im Klassenzimmer durch das Timbre ihrer Stimme und ihre Körpersprache. Häufig wird die Atmosphäre in einer Filmszene durch die Musik bestimmt, ohne dass wir es bewusst wahrnehmen. Die Musik schafft das Gefühl, das der Regisseur beim Publikum zu erzielen hofft – Furcht einflößende Spannungsmusik für kritische Momente, flotte Musik bei Erregung und Entzücken … Infolgedessen ist unser Kinobesuch gleich viel intensiver. Wir haben den Film nicht nur gesehen, wir haben ihn erlebt.

Im Garten schaffen wir Atmosphäre, indem wir unsere Auswahl an Pflanzen und Strukturen gemäß unserer inneren Vision ausrichten. Wenn Sie mit Ihrem Garten ein klares, unverfälschtes Gefühl hervorrufen wollen, dann können Sie in Ihre Vision beispielsweise einfache, weiße Pflanzenkübel einbauen, einen kurz geschnittenen Rasen, getrimmte Büsche, gepflasterte Wege und schlichte Farbkombinationen wie blau

> Eine Kletterpflanze, die auf meiner Liste für das passende Außendekor eines Hauses mit altem Ambiente ganz oben steht, ist die Kletterhortensie. Sie wächst praktisch unter allen Bedingungen und ist sehr robust. Es kann zwei bis drei Jahre dauern, bevor sie richtig loslegt, aber danach müssen Sie sie mindestens zweimal im Jahr beschneiden. Die Mühe lohnt sich schon wegen der großen, duftenden, weißen Blüten sowie der glänzenden, grünen Blätter im Frühling und der wunderschönen rostroten und gelben Blätter im Herbst.

und weiß oder nur rosa. Ebenso wie Ihre Entscheidungen bei der Entdeckungsübung Ihnen geholfen haben, Ihren Stil zu finden, hilft Ihnen Ihr Stil jetzt bei der Auswahl der einzelnen Elemente. Auf diese Weise formen Sie Ihren Garten und stimmen sich gleichzeitig darauf ein, wer Sie sind und wie Ihr Wesen angelegt ist. Es ist eine Art Tanz zwischen dem Gärtner und dem Garten ... Meiner Erfahrung nach wird der Unterschied, wer wen formt, immer unklarer und verschwimmt mit der Zeit gänzlich. Jeder und alles wächst bei diesem Projekt.

Für mich ist der interessanteste Teil bei der Gartenarbeit die Wahl der Atmosphäre und deren Kultivierung. Dabei geht es darum, an der Persönlichkeit des Gartens zu feilen. Sobald wir die Persönlichkeit unseres Gartens bestimmt haben, wird alles, was wir im Garten tun, diese immer mehr zum Leben erwecken. Wenn wir die Atmosphäre kennen, die wir hervorrufen wollen, können wir unsere Vision darauf ausrichten und aus einem größeren Gefühl für Zusammenhänge und Sinn heraus die notwendigen Elemente für unseren Garten wählen.

Welche Atmosphäre soll in Ihrem Garten vorherrschen?

Ein romantisches Ambiente

Kletterrosen an einem Wandgitter ... eine Schaukel und ein Gartenhäuschen ... Windspiele ... das Geräusch von fließendem Wasser ... eine gusseiserne Pergola mit Glyzinien ... bequeme Korbmöbel mit Kissen ... tropische Hängepflanzen wie Passionsblumen oder Bougainvilleen ... duftende Kräuter wie Lavendel oder Baldrian in großen Mengen ...

Ein Gefühl der Eigenwilligkeit

Eine urwüchsige Wildblumenwiese ... interessante Farbkombinationen wie Lila und Orange mit einem Hauch Dunkelblau oder Limonengrün mit Burgunderrot und einem Hauch Silber ... knallbunt bemalte Möbel und Blumentöpfe ... Kissen mit Muster ... lustige, kleine Dekostücke, die man dort gar nicht erwarten würde, beispielsweise das Kopfbrett von einem Bett ... Metallfrösche, die schelmisch hinter einer Engelstrompete hervorlugen ...

Eine rustikale Atmosphäre

Wettergegerbte Schilder ... große Liegestühle ... viele Naturhölzer ... Waldpflanzen wie Azaleen, Rhododendren und Hexenhasel ... willkürlich angelegte Steinpfade ... hohes Gras ...

Eine Aura der Stille

Eine Hängematte oder ein Gartenhäuschen ... eine einsame Bank, umgeben von Bäumen ... ein weicher Teppich aus Moos ... schwaches elektrisches Licht, bei dem man gerade noch lesen kann ...

Ein modernes Gefühl

Wege und Terrassen aus Kalkstein oder Beton ... Stahlplastiken ... Brunnen, deren Wasser über Flusskiesel strömt ... Kieselgärten ... viel Grün ... gerade Linien ... Wände aus Glas und Ziegeln ...

Ein elegantes Ambiente

Lange, gerade Wege ... Brunnen im italienischen Stil ... abgestufte Steinmauern, die verschiedene Ebenen schaffen ... neoklassizistische Statuen ...

Ein Hauch von Exotik

Üppige Blumen ... Palmen ... Bananenstauden ... riesige Philodendren ... farbintensive Möbel ... leuchtende Blumenkübel ... eine Pergola mit Weinranken ... ein Baldachin als Sonnendach ... ein gefliester Brunnen ... kunstvolle Sonnenschirme ...

Der Duft-Faktor

Der Duft der Pflanzen, die Sie auswählen, trägt mindestens so viel zur Atmosphäre eines Gartens bei wie alles andere. Überlegen Sie sich, einige der folgenden Duftpflanzen einzusetzen, wenn Sie sich nach einem himmlisch duftenden Garten sehnen:

Hecken

- Arabischer Jasmin (Jasminum)
- Chinesische Winterblüte (Chimonanthus)
- Flieder (Syringa)
- Immergrüner Schneeball (Viburnum)
- Kirschlorbeer (Prunus)
- Liguster (Ligustrum atrovirens)
- Rhododendron (Rhododendron catawbiense)
- Rose (Rosa)
- Sommerflieder (Buddleia)
- Tamariske (Tamarix)

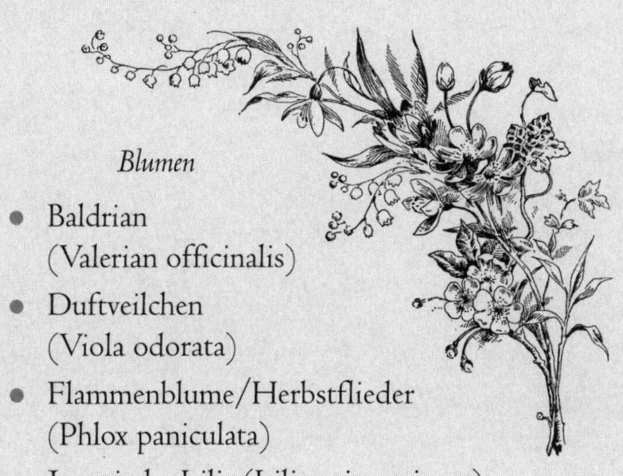

Blumen

- Baldrian (Valerian officinalis)
- Duftveilchen (Viola odorata)
- Flammenblume/Herbstflieder (Phlox paniculata)
- Japanische Lilie (Lilium japonicum)
- Meerkohl oder Crambe (Crambe cordifolia)
- Narzissen/Osterglocken (Narcissus)
- Nelke, gefüllt (Dianthus caryophyllus)
- Passionsblume (Passiflora)
- Pfingstrose (Paeonia)
- Vanilleblume (Heliotropium)*
- Waldmeister (Galium odoratum)
- Waldphlox (Phlox divaricata)

* nicht winterfest

Kletterpflanzen

- Blauregen oder Glyzinie (Wisteria floribunda)
- Chilenischer Jasmin (Mandevilla laxa)
- Jasmin (Jasminum officinale)
- Trompetengeißblatt (Lonicera x brownii)
- Waldgeißblatt (Lonicera periclymenum)

Bäume

- Echte Traubenkirsche (Prunus padus)
- Flügelstorax (Pterostyrax hispida)*
- Schneeflockenstrauch (Chionanthus)
- Syringa reticulata
- Virginische Traubenkirsche (Prunus virginiana Shubert)

* nur bedingt winterfest

DRITTE PHASE

Planung

Den Grundstein legen

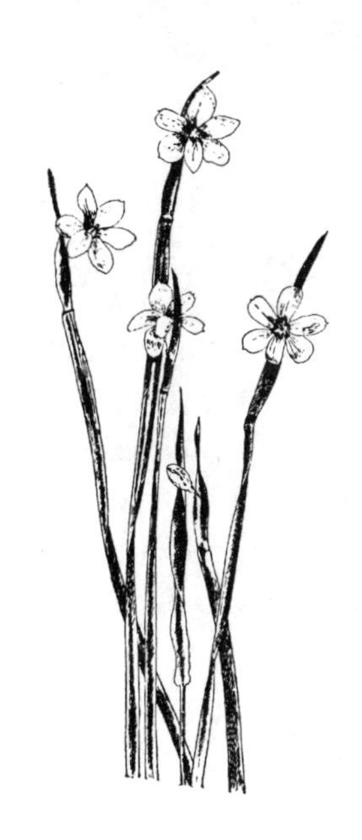

Planung ist das problemlösende Element des Erschaffens. In dieser Phase verleihen Sie Ihren Vorstellungen, Ihrem Stil und Ihren physikalischen Gegebenheiten eine Form und legen die Blaupause dessen an, was Sie zu erschaffen hoffen. Sie werfen einen prüfenden Blick auf Ihre Visionen und den Raum, der Ihnen zur Verfügung steht, damit Sie einen Plan erstellen können, der eine Brücke zwischen Ihren Träumen und der Realität schlägt und Ihre kreative Vision in etwas Reales und Greifbares verwandelt.

Ich bin einmal einer Frau begegnet, die ganz wunderbare Babypullis und Mützchen entwirft und von Hand strickt. Sie wohnt in Vermont und hat sich ein solides Kleinunternehmen aufgebaut, mit Aufträgen aus aller Welt. Ich fragte sie, wie sie ihre Ware entwirft.

»Eigentlich ist es ein langer Prozess«, erwiderte sie. »Für gewöhnlich habe ich eine Vision von dem, was ich machen will – das ist der leichte Teil. Danach vergehen viele Tage, in denen ich das Muster aufzeichne und den Entwurf festhalte, dann die Skizzen zerknülle und wieder neu anfange. Ich versetze eine Tasche, ändere einen Kragen, mache das Teil länger oder kürzer und bastele im Grunde so lange daran herum, bis es gut aussieht. Das ist viel Arbeit, aber ich habe gelernt, dass ich nur gute Wolle verschwende, wenn ich mich ohne einen ordentlichen Plan ans Stricken mache, weil ich dann am Ende alles auftrennen und wieder von vorn anfangen muss!«

Ist das nicht bei allem so, das wir erschaffen wollen? Wir würden doch auch keine Firma ohne ein Konzept gründen, keinen Wolkenkratzer ohne einen Bauplan errichten und kein Geschäftsessen ohne Gästeliste und ohne Menüfolge veranstalten. Alles bleibt so lange nichts weiter als eine gute Idee, bis wir uns hinsetzen und einen Plan entwerfen.

Was hat Planung mit Kreativität zu tun? Stellen Sie es sich einmal so vor: Wenn Sie sich in einer Zwickmühle befinden oder vor einer Herausforderung stehen, dann brauchen Sie am nötigsten etwas, das man kreatives Denken nennt. Wissen Sie noch, wie Ihre Lehrer Sie aufforderten, in sich zu gehen und nachzudenken? Eigentlich wollten sie Sie damit auffordern, kreativ zu sein, innovativ zu denken und die beste Vorgehensweise oder Reaktion herauszufinden. Genau das tun Sie auch, wenn Sie einen Plan erstellen: Sie denken kreativ, um etwas zu erschaffen, was es zuvor nicht gab.

Diese Phase ist bei der Gestaltung eines Gartens absolut notwendig, gleichgültig, ob Sie den Grundstein für einen ausgedehnten oder nur einen winzigen Garten legen. Viele meiner Kunden wollen sich gleich an die Arbeit machen, aber ein großer Teil der Gartenarbeit besteht aus Planen und Träumen. Ohne dies sind Sie am Ende völlig verwirrt, mit Schmutz unter den Fingernägeln und Frust im Herzen.

Die Planungsphase eines Projekts kann eine echte Herausforderung sein. Sie ist wie ein Puzzle, dessen Teile Sie einzeln durchgehen müssen, bis Sie den nächsten Schritt erkennen. Ich stoße bei meinen Kunden oft auf Angst, wenn wir uns tatsächlich hinsetzen und die Dinge konkretisieren. Aber wenn Sie bereits auf einem bestimmten Gebiet erfolgreich sind, dann besitzen Sie schon längst das nötige Werkzeug und sind sich dessen vielleicht noch nicht einmal bewusst. Wenn Sie kochen, malen, Ihr äußeres Erscheinungsbild stylen, schreiben, verkaufen, ein Geschäft führen oder eine Mannschaft trainieren, dann wissen Sie bereits, wie man einen Plan erstellt. Zapfen Sie Ihre Quellen an, wenn es um Inspiration, Führung und Selbstvertrauen geht.

Ein Kunde namens Elliot geriet beinahe in Panik, als wir anfingen, seine Visionen aufzuzeichnen; er schwor, er habe dafür einfach nicht das nötige Einfühlungsvermögen. Elliot war jedoch Koch; darum zogen wir den kreativen Prozess seiner Arbeit in der Küche zu Rate. Wann immer wir nicht weiter wussten, überlegten wir uns, wie er deliziöse, neue Gerichte kreierte und sich auf diesem Gebiet verhielt. Es funktionierte jedes Mal. Wenn er sich nicht vorstellen konnte, wo die Apfelbäume stehen sollten, die er sich wünschte, fragte ich ihn, wie er denn entschied, auf welcher Seite des Tellers er die einzelnen Zutaten anrichten wollte. Er dachte einen Augenblick darüber nach und erwiderte: »Ich halte den Teller in Händen und spüre, wo Harmonie nötig ist.« Voilà! Elliot wusste also bereits, wie man einen der Schritte macht, den wir in der Planungsphase erforschen wollen: das Zuhören.

In dieser dritten Phase finden wir heraus, wie man die Realität akzeptiert, wie man auf seine Bedürfnisse achtet, wie man zuhört, wie man experimentiert, wie man mit der Zwiespältigkeit lebt und wie man seine Vision zum Leben erweckt. Jeder dieser Schritte soll Ihnen helfen, Ihren Geist für Innovationen zu öffnen und die nötigen Vorkehrungen zu treffen, die Ihren Garten zu einer wunderbaren Erfahrung in Sachen kreatives Denken machen, ihm aber auch zu einer ausgeglichenen und gut durchdachten Schönheit verhelfen werden.

Die Realität akzeptieren

Ziehe in allem den Genius zu Rate.
Alexander Pope

Wenn Sie etwas Neues erschaffen wollen, müssen Sie – ironischerweise – zuerst das, *was ist,* akzeptieren. Um ein Problem zu lösen, müssen Sie zuerst begreifen, womit Sie es zu tun haben – das Potenzial und die Grenzen des Materials, das Ihnen zur Verfügung steht. Mit anderen Worten, Sie müssen sich die Sachlage genau ansehen und sie dann akzeptieren. Eine Fotografin muss das Licht der Szene berücksichtigen, die sie aufnehmen möchte; ein Rennfahrer muss wissen, wozu sein Wagen in der Lage ist, und mit den Gegebenheiten der Rennstrecke vertraut sein, wenn er seinen Kurs kalkuliert; eine Konditormeisterin muss die Größe und den Zweck ihres Kuchens kennen, bevor sie ihn mit Zuckerguss überzieht und dekoriert.

Meredith, eine meiner Stammkundinnen, unterrichtet die zweite Klasse. Sie erzählte mir einmal von ihrer ersten Stelle. Frisch vom College und übereifrig trat sie am ersten Arbeitstag an. Sie hatte den Lehrplan verinnerlicht, einschließlich einfallsreicher Buchstabierübungen und Rechenbeispiele. In den ersten Wochen schien alles schief zu laufen: Keines der Kinder reagierte auf ihre Bemühungen. Sie starrten sie alle nur mit leerem Blick an, wenn sie ihre ach so klugen Fragen stellte. Natürlich war Meredith daraufhin entmutigt und fragte sich, ob sie überhaupt zur Lehrerin taugte. Schließlich wandte sie sich an einen der anderen Lehrer und fand heraus, dass die Übungen, die sie sich hatte einfallen lassen, die Fähigkeiten der Kinder in ihrer Klasse *weit* überstiegen. Rasch passte sie ihre Unterrichtsmethoden an und bis zum heutigen Tag ist es ihr Prinzip, immer erst herauszufinden, womit und mit wem sie arbeiten muss, bevor sie anfängt, Unterrichtspläne auszuarbeiten.

Wenn Sie sich die Zeit nehmen, um sich das, was vor Ihnen liegt, genau zu betrachten, werden Sie sich der Parameter bewusst, innerhalb derer Sie arbeiten müssen. Dabei müssen Sie zwar unter Umständen manche Grenze akzeptieren, aber das ist nicht unbedingt etwas Schlechtes. Wenn wir die existierenden Begrenzungen wahrnehmen, treten wir aus dem »*Wenn-nur*«-Mythos heraus, eine der heimtückischsten Bedrohungen der Kreativität. Das »*Wenn nur*« fesselt uns an eine Achterbahn der Fantasie, aus der nur noch mehr Fantasie entstehen kann. *Wenn ich nur promoviert hätte ... Wenn ich nur mehr Geld hätte ... Wenn ich nur dünner wäre ... Wenn ich nur vornehmer wäre ...* Was bewirkt dieses trübselige Wunschdenken? Wir können entweder darüber jammern, was wir nicht haben, oder wir können uns genau ansehen, was wir haben, und daraus etwas Wunderbares entstehen lassen.

Unsere Grenzen machen uns zu dem Menschen, der wir sind, ebenso wie unsere Segnungen. Meine Kundin Mattie ist Journalistin und muss oft extrem enge Abgabetermine einhalten. Sie wünschte sich immer, mehr Zeit zu haben, um bessere Artikel zu schreiben. Erst als sie drei Monate bekam, um eine ausführliche Reportage zu schreiben – eine überaus großzügige Zeitspanne –, wurde ihr klar, dass die zeitliche Beschränkung sie zu einer besseren Schreiberin machten. Sie entwarf im Laufe von zehn Wochen drei Versionen des Artikels, und keine davon hielt sie für gut. In den letzten beiden Wochen rangierte sie alle Entwürfe aus, fiel in ihren hochkreativen Schreibmodus und schuf einen wunderbaren Artikel. Ihr wurde klar, dass sie sich unter Zeitdruck besser konzentrieren konnte, und wenn sie hochkonzentriert arbeitete, gingen bei ihr die inneren Lichter an und die Wörter strömten nur so aus ihr heraus. In der Kürze der Zeit, die sie immer als lähmend empfunden hatte, wurde sie zu der Journalistin, die sie heute ist.

Begrenzungen zwingen uns zu noch mehr Kreativität. Wenn wir es mit Hindernissen zu tun haben, müssen wir einen Weg um sie herum finden – mit anderen Worten, wir müssen mit Hilfe unserer Vorstellungskraft innovative Lösungen finden. Meine Freundin Jane erinnert sich genau an den Augenblick, in dem sie sich das erste Mal als kreative Denkerin wahrnahm. Als junges Mädchen besuchte sie ein Sommercamp. Dieses Camp führte jedes Jahr einen spielerischen Wettbewerb durch, bei dem jeder Schlafsaal ein klein wenig Geld bekam, um etwas Ausgefallenes nach eigener Wahl zu kochen. (Das war nach einem langen Sommer voller Pökelfleisch, Makkaroni und Käse höchst aufregend, wenn auch nicht so edel, wie es klingt: Das Essen wurde über offenem

Feuer auf dem Campgelände gekocht.) Die Hütte, die das beste Mahl zubereitete und den Tisch am schönsten deckte, bekam zum Nachtisch einen großen Kuchen. Jemand in Janes Schlafsaal hatte sich am Tag zuvor daneben benommen, und die Strafe bestand darin, dass ihre Gruppe kein Geld bekam. Sie mussten das nehmen, was in der Küche vorhanden war. Alle anderen jammerten darüber, doch Jane sah es als Herausforderung. Ja, sie konnten nur Erdnussbuttersandwiches zubereiten, aber sie schnitten sie zu kleinen, viereckigen Hors d'œuvres und richteten sie kunstvoll auf einem Teller an. Nein, sie konnten keine schönen Blumen kaufen, aber Jane zog los und sammelte eine Hand voll Wildblumen und arrangierte sie in einem Pappbecher in der Mitte des Tisches. Das hob die Stimmung in der Hütte, und alle wurden vom Geist der Improvisation angesteckt. Und nun raten Sie mal ... Ja genau, die in ihren Möglichkeiten eingeschränkte Gruppe gewann den großen Kuchen für ihre Originalität.

Ich kenne eine junge Frau Anfang zwanzig, die in einer winzigen Wohnung in New York mit eigenartig schiefen Wänden und anderen seltsamen Eigenschaften haust, die der Bleibe Charme verleihen. Sie musste all ihre kreativen Kräfte aufwenden, um herauszufinden, wie sie diese winzige Wohnfläche in ein Heim verwandeln konnte – und das bei einem extrem begrenzten Budget. Sie und ein Freund bauten ein Stockbett, das genau in eine der merkwürdigen Ecken passte, und darunter schuf sie einen kleinen Meditationsbereich. Sie fand auf einem Flohmarkt eine alte Truhe, die als Beistelltisch, Esstisch (wenn sie eines der Kissen aus ihrem Meditationsbereich nahm) und Liegefläche fungierte. Wäre sie einfach in eine gewöhnliche, viereckige Wohnung ohne Beschränkungen gezogen, hätte sie nicht halb so viel Spaß gehabt, wie sie hatte, als sie ihr winziges Reich in ein mehrstöckiges Paradies verwandelte.

Jahrelang hasste ich mein Grundstück. Ich betrachtete den steilen Hang in meinem Garten und dachte: *Tja, ich werde umziehen müssen, wenn ich den Garten schaffen will, den ich mir wünsche.* Dieser Hang war meine Nemesis, aber mit der Zeit wurde er zu meinem größten Lehrer. Ich wäre nicht die Gärtnerin, die ich heute bin, hätte ich ein flaches, ausgedehntes Grundstück und ein grenzenloses Budget gehabt. Nein, wirklich nicht! Ich lernte alles, was ich über Begrenzungen weiß – die uns gefangen halten oder inspirieren können –, durch dieses herrlich unvollkommene Stück Land.

Um große Kunst zu schaffen, müssen Sie Ihre Grenzen sehen und akzeptieren. Warum? Weil Grenzen uns Schranken setzen, und das menschliche Hirn sehnt sich nach Schranken und Strukturen. Nehmen Sie den Jazz. Die Leute denken, er sei in seiner Form völlig frei, aber in Wirklichkeit ist er eine der strukturiertesten Musikformen. Ein Jazzstück hat immer ein Ende, das wieder zum Anfang zurückfindet. Es mag wilde Improvisationen geben, aber an einem bestimmten Punkt kehrt man immer wieder an den Ausgangspunkt zurück. Ansonsten wäre es keine Musik, sondern nur Lärm.

Wenn Sie das, *was ist,* akzeptieren, sind Sie frei, mit der Realität zu spielen und sich die Frage zu stellen: *Was kann ich mit diesen Grenzen anfangen? Wie kann ich mit und trotz ihnen etwas er-*

schaffen? Im Garten bedeutet die Akzeptanz der Realität, sich mit Ihrem Grundstück abzufinden, buchstäblich und im übertragenen Sinne. Es ist unglaublich wichtig, in Betracht zu ziehen, wo Sie wohnen, wie Ihr Grundstück geformt ist, wie die Umgebung aussieht und was dazu passt, damit Sie etwas erschaffen können, das sich in dieses Umfeld einfügt. Das Land muss mit Ihnen sprechen; Sie wiederum können daraus etwas Bedeutsames erschaffen.

Bevor Sie anfangen, einen Entwurf zu erstellen oder etwas zu pflanzen, möchte ich Sie ermutigen, ein Gespür dafür zu bekommen, wo Sie leben, was es bereits gibt und was dazu passt. Ich kann Ihnen gar nicht sagen, wie viele Leute ich schon gesehen habe, die beim ersten Anzeichen von Frühling begeistert ins örtliche Gartencenter eilen und sich willkürlich Blumen und Grünpflanzen besorgen, ohne ein Gefühl dafür, was sie schon haben oder für welche Stelle im Garten ihre neuen Käufe bestimmt sein sollen. Das Ergebnis ist für gewöhnlich die Kakofonie eines Gartens und ein ziemlich enttäuschter Gärtner.

Es ist gar nicht schwer, die Realität im Zusammenhang mit Ihrem Garten zu akzeptieren. Ich lege Ihnen die folgende Übung ans Herz, die ich all meine Kunden zu Beginn der Planungsphase durchführen lasse.

ZUM AUSPROBIEREN

Gehen Sie Ihr Grundstück ab und erkunden Sie dessen Form. Wie ist es angelegt, wo befindet es sich in Bezug auf Ihr Haus, wo und wann ist es sonnig beziehungsweise schattig, wie viele Bäume, Sträucher und Blumen gibt es schon und wo stehen sie? Betrachten Sie das Land aus verschiedenen Blickwinkeln. Sehen Sie sich den Umriss des Grundstücks an: Ist es rechteckig, rautenförmig oder unregelmäßig? Wenn Sie bereits einen gestalteten Garten haben, dann schließen Sie all diese Elemente ein. Beurteilen Sie nicht, was Sie sehen – nehmen Sie es einfach wahr und speichern Sie es ab. Sie haben später noch reichlich Zeit, um festzustellen, was Sie daran mögen und was nicht. Im Moment sollen Sie nur versuchen, ein Gefühl für das zu bekommen, was es da draußen alles gibt.

Wenn Sie der Meinung sind, alles in sich aufgenommen zu haben, dann gehen Sie ins Haus und nehmen Sie Ihr Naturtagebuch zur Hand (oder einen Skizzenblock, wenn Ihnen das lieber ist). Zeichnen Sie alles auf, an das Sie sich erinnern, so maßstabgetreu wie möglich. Sie benötigen dazu kein künstlerisches Talent; entwerfen Sie einfach bestimmte Symbole für bestimmte Pflanzen. Ein Kreis kann beispielsweise einen Baum symbolisieren, ein Sechseck einen Busch und kleine Schnörkel die Blumen. Halten Sie jedes Detail fest, an das Sie sich erinnern, und zeichnen Sie es so gut Sie eben können.

Wenn Sie Ihr Bestes gegeben haben, gehen Sie mit Ihrer Skizze nach draußen und schauen Sie nach, was Sie vergessen haben. Haben Sie den Gartenweg eingezeichnet? Haben Sie

> Berücksichtigen Sie bei Ihrer Vision den Stil und die Farben Ihres Hauses. Diese Faktoren sind für die Wahl der Pflanzen und anderer Gartenelemente von großer Bedeutung!

das Gefälle des Hanges neben dem Haus markiert? Die meisten Menschen stellen bei dieser Übung zu ihrer Überraschung fest, wie viel sie im ersten Durchgang vergessen haben. Ein Kunde übersah völlig einen großen Felsen, der in seinem Vorgarten aufragte; er befand sich schon so lange dort, dass er ihm gar nicht mehr auffiel. Fügen Sie alles hinzu, was Sie vergessen haben, bis Ihre Skizze komplett ist.

Ob Sie es glauben oder nicht, die beste Zeit für diese Übung sind die Monate Januar und Februar. Der Winter ist die ideale Jahreszeit, um entweder einen neuen Garten zu planen oder Veränderungen beziehungsweise Verbesserungen für Ihren bestehenden Garten anzugehen. Die Stille der kalten Luft bietet die perfekte Atmosphäre für einsame Beobachtung und Überlegung. Die nackten Zweige legen die Struktur des Gartens bloß, und so sehen Sie ihn ohne die Ausstaffierung durch Blumen, Blätter und Wachstum vor sich. Was befindet sich dort? Wie können Sie das, was schon existiert, in Ihre Pläne aufnehmen, dabei diesem Stück Land selbst Respekt zollen und es zu etwas machen, das Ihnen Befriedigung verschafft und gleichzeitig widerspiegelt, wer Sie sind?

Der größte Vorteil dieser Übung liegt darin, dass Sie auf

eine sehr persönliche und intime Weise Ihren Garten in Besitz nehmen. Er wird zu Ihrer Leinwand, und es ist von entscheidender Bedeutung, ein genaues Gefühl für ihn zu bekommen, damit auf dieser Leinwand ein persönliches Meisterwerk entstehen kann.

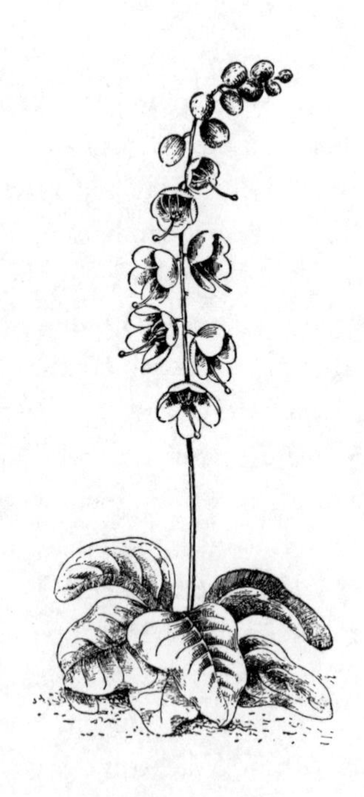

Auf Ihre Bedürfnisse achten

Richten Sie Ihre Pläne nach dem Ort aus und stutzen Sie nicht den Ort nach Plänen aus einem Buch zurecht.

William Robinson

Eve, die ein Catering-Unternehmen führte, liebte es, während der warmen Monate Familienangehörige und Freunde in ihrem Garten zu bewirten. Sie hatte immer schon eine besondere Vorliebe für einen bestimmten Bereich in der hintersten Ecke ihres Grundstücks gehabt, wo es einen herrlichen Naturteich gab; also schlug sie dort eine Lichtung für ihren langen Tisch und umgab sie mit hohen Gräsern, damit alle unter den pastellfarbenen Sonnenschirmen sitzen und essen konnten. Es war sehr idyllisch, aber es gab ein Problem: Die Lichtung war über zehn Meter von ihrer Küchentür entfernt, was bedeutete, dass Eve bis zur Erschöpfung Tabletts hin und her tragen musste.

Sie hatte beim Entwurf ihres Gartens einen typischen Fehler begangen: In der Eile, das zu erschaffen, was sie *wollte*, vernachlässigte sie die Frage, was sie wirklich *brauchte*. Glücklicherweise ließ sich das Problem rasch lösen, indem wir eine Ruhebank in die Lichtung stellten und einen neuen Essbereich näher an der Küchentür anlegten.

Wenn Sie etwas formen, das Ihre Prioritäten widerspiegelt, gewinnt Ihre Kreation eine Bedeutung in Ihrem Leben. Michelangelos Priorität bei seinem Gemälde des Jüngsten Gerichts in der Sixtinischen Kapelle bestand darin, eine dauerhafte Inspiration für die Augen und Seelen der Anbetenden zu erschaffen. Sein Gemälde wäre wahrscheinlich ebenso atemberaubend geworden, hätte er es draußen auf dem Petersplatz in Kreide auf das Pflaster gemalt, aber die Früchte seiner Arbeit wären beim erstbesten Regenfall verschwunden.

Unsere Räume im Freien müssen unsere Lebensweise widerspiegeln, ebenso wie die Zimmer unseres Hauses das tun. Wenn Sie Kinder und/oder Hunde haben, werden Sie höchstwahrscheinlich keine weißen Teppiche auslegen; ebenso sollten Sie keinen empfindlichen Kräutergarten neben einer Hauptverkehrsstraße anlegen. Wenn Sie gern kochen, ist es sinnvoll, eine benutzerfreundliche Küche zu besitzen und – wie Eve entdeckte – einen gleichermaßen benutzerfreundlichen Essbereich im Freien. Wenn Sie oft frische Schnittblumen als Gastgeschenk mitnehmen, dann sollten Sie handliche Blumenbeete anlegen, aus denen Sie die freie Auswahl haben.

Manchmal ist es verwirrend, die eigenen Bedürfnisse wahrzunehmen, weil das, was Sie heute brauchen, nicht dasselbe sein muss, was Sie in einem Monat, einem Jahr oder in zehn Jahren benötigen. Unsere Bedürfnisse verändern sich mit uns. Eine Freundin von mir, die derzeit auf der Suche nach einem Haus ist, treibt sich selbst bestimmt noch in den Wahnsinn, weil sie die Zukunft gleich miteinkalkulieren will. Heute braucht sie vier Schlafzimmer für ihre Kinder, die schon im

> Ob Sie Ihr Grundstück überarbeiten oder bei Null anfangen, lassen Sie sich von den Kosten für das Projekt nicht einschüchtern. Setzen Sie Prioritäten bei Ihren Bedürfnissen und gehen Sie einfach Schritt für Schritt vor, wie es Ihnen gerade möglich ist. Das vereinfacht den Prozess und lässt die Angst verschwinden.

High-School-Alter sind, aber wird das Haus später zu groß sein, wenn alle Kinder studieren? Momentan benötigt sie kein separates Esszimmer, weil die Familie immer in der Küche isst – aber was ist, wenn sie eines Tages beschließt, häufiger Gäste zum Essen einzuladen? Und was ist, wenn das Unternehmen ihres Mannes den großen Durchbruch schafft und ihnen plötzlich sehr viel mehr Geld zur Verfügung steht? Werden sie es dann bereuen, ein derart kleines Haus gekauft zu haben? So geht es immer weiter, und meine arme Freundin ist in ihrer Entschlusslosigkeit wie gelähmt.

Ich könnte ja hilft uns ebenso wenig wie *wenn nur*. Sicher, eines Tages brauchen Sie andere Dinge in Ihrem Garten als heute. Im Augenblick benötigen Sie vielleicht einen Gemüsegarten, aber eines Tages möchten Sie große Freiflächen, auf denen Ihre Kinder oder Enkel herumtollen können. Heute brauchen Sie einen Platz, wo man feiern kann, aber eines Tages wünschen Sie sich womöglich eine Enklave, die Ihnen eine Zuflucht bietet. Wann immer meine Kunden allzu weit in

Wenn Sie Haustiere oder Kleinkinder haben, dann sollten Sie sich vor allen Pflanzen hüten, die giftige Blüten oder Beeren tragen, unter anderem Sonnenblumen, Glyzinien, Azaleen, Jasmin oder Eisenhut (um nur einige zu nennen). Achten Sie darauf, hier besondere Sorgfalt walten zu lassen!

die Zukunft planen wollen, hole ich sie mit dieser Frage wieder zurück: Was brauchen Sie *jetzt im Augenblick?* Kochen Sie gern mit frischen Kräutern? Haben Sie einen Hund oder wollen Sie sich einen zulegen? Möchten Sie Platz haben für Gäste oder Kinder? Jede Möglichkeit, die Sie mit mehr als fünfzig Prozent bewerten, sollten Sie berücksichtigen; ansonsten verändern Sie Ihren Garten einfach je nach Ihren Bedürfnissen!

Was brauchen Sie in Ihrem Garten?

ZUM AUSPROBIEREN

Bei der Planung Ihres Gartens müssen Sie auch seine Funktion berücksichtigen, nicht nur seine Form. Beantworten Sie die folgenden Fragen, damit Sie herausfinden, wie die wichtigsten Prioritäten für Ihren Garten aussehen. Notieren Sie die Antworten auf diese Fragen in Ihr Naturtagebuch, denn sie werden in unserer Planungsphase noch ins Spiel kommen.

- *Wie sieht meine Lebensweise aus?* Ist sie formell oder zwanglos, bin ich viel zu Hause oder viel auf Reisen? Lebe ich unbeschwert oder durchgeplant?
- *Wie will ich meinen Garten nutzen?* Für meine Privatsphäre, als Spielwiese für meine Kinder, um Gäste zu bewirten oder einfach als visuelles Vergnügen, wenn ich aus dem Fenster schaue?
- *Wen will ich in meinen Garten einladen?* Kunden, Familienangehörige, Freunde, niemanden außer mir selbst?
- *Welche Dinge sind für mich in meinem Garten am wichtigsten?* Ein Sandkasten für meine Kinder, hohe Bäume, die Privatsphäre ermöglichen, Blumenbeete, frisches Obst, Gemüse und Kräuter, ein Rasen für Ballspiele, ein stiller Hort, an dem ich lesen kann, oder ein Ort, um im Freien zu essen?

Was Sie berücksichtigen sollten

- Brauchen Sie eine Rückzugsmöglichkeit? Dann ist womöglich eine Immergrünhecke entlang Ihrem Grundstück das beste.
- Wenn Sie einen Spielplatz für Ihre Kinder anlegen möchten, dann sollten Sie das dort tun, wo Sie sie vom Haus aus sehen können. Achten Sie auf eine eventuelle Hanglage Ihres Grundstücks, ebenso auf Sonne und Schatten. Kinder mit Sonnenbrand sind keine glücklichen Kinder!
- Brauchen Sie einen Geräteschuppen? Wenn ja, dann positionieren Sie ihn entweder außer Sichtweite oder integrieren Sie ihn in das Gesamtkonzept.
- Wenn Sie sich frisches Gemüse und Kräuter wünschen, müssen Sie sie an einer geschützten Stelle pflanzen, damit sie vor hungrigen Tieren aus der Nachbarschaft sicher sind.
- Wenn Sie Blumenbeete oder eine Wiese mit Wildblumen möchten, wählen Sie eine sonnige Stelle.
- Wenn Sie wissen, dass Sie nicht viel Zeit für die Pflege Ihres Gartens haben, dann sollten Sie Pflanzen mit niedrigem Pflegebedarf auswählen, beispielsweise Immergrün, langblühende Sträucher wie Hortensien, und winterharte Gräser.

Wie intensiv können Sie sich um Ihren Garten kümmern?

Denken Sie bei der Planung Ihres Gartens auch immer an den Pflegebedarf der Pflanzen. Die folgenden pflegeleichten Pflanzen sind allesamt recht unverwüstlich:

- Anis-Ysop (Agastache)
- Bartblume (Caryopteris)
- Blauraute (Perovskia)
- Fetthenne (Sedum)
- Geranie oder Pelargonie (Geranium, Pelargonium)*
- Katzenminze (Nepeta)
- Kokardenblume (Gaillardia)
- Lavendel (Lavandula)
- Palmlilie (Yucca filamentosa)
- Purpur-Sonnenhut (Echinacea)
- Schafgarbe (Achillea)
- Sonnenhut (Rudbeckia)
- Witwenblume (Scabiosa)

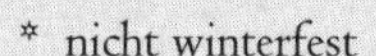

* nicht winterfest

Zuhören

Warte, lausche, gehorche.
Rudyard Kipling

Im Winter 1990 entwarf ich meine Vision und plante die umfassende Umwälzung meines Gartens. Dabei saß ich für gewöhnlich mit einer Tasse Tee in der Hand an meinem Küchentisch, starrte aus den Erkerfenstern und träumte. Ich saß stundenlang da, der Tee war längst kalt, und sah vor meinem inneren Auge, was ich wollte und wo ich es wollte. Mindestens einmal am Tag raffte ich mich auf und ging nach draußen, um einen Rundgang zu machen, streifte von einer Ecke des Grundstücks zur anderen und ließ mir seine Geheimnisse von Harmonie und Gleichgewicht zuflüstern, seine Bedürfnisse und seine Wünsche. Erst viele Jahre später konnte ich definieren, was ich in jenen Stunden tat: Ich hörte zu.

Es gibt Zeiten, in denen man handelt, und Zeiten, in denen man nachdenkt. Zeiten, in denen wir unseren Willen durchsetzen und unsere Fähigkeiten zum Einsatz bringen, und Zeiten, in denen wir einen Gang zurückschalten und zuhören. Tun und Sein ergänzen sich: Wir brauchen beides, um Ausgeglichenheit zu finden. Aktivität ist notwendig, wenn wir unseren Plan umsetzen wollen, aber langsam zu machen und sich auf die Erde und den Puls unseres Grund und Bodens einzustimmen, verleiht unserem Garten ein organisches Gefühl der Richtigkeit.

Jedes Stück Land besitzt seinen natürlichen Rhythmus und seine eigene Energie. Feng Shui, die chinesische Lehre des räumlichen Energieflusses zwischen Mensch und Umfeld, befasst sich mit der Einstimmung auf die harmonischen Rhythmen eines Raumes, um sie so anzuordnen, dass die Energie frei fließen kann. Dabei geht es im Grunde nur um die schlichte Frage: Fühlt sich der Raum oder die Platzierung richtig an? Wann immer meine Freundin Donna etwas Neues in ihr Haus bringt, beispielsweise einen Stuhl, stellt sie ihn überall hin, setzt sich an jeder neuen Stelle auf den Stuhl und nimmt die Energie wahr, die von dieser Perspektive ausgeht. Ich habe schon erlebt, wie sie das mehrere Tage lang durchführte, bis sie genau die richtige Stelle für ihren neuen Schatz gefunden hatte.

Wenn Sie den Rhythmus Ihres Gartens in sich aufnehmen, entwickeln Sie ein Gefühl für den Raum, das Sie anleiten und spüren lassen wird, wo Sie die einzelnen Elemente platzieren sollten, die Sie sich für Ihren Garten wünschen. So legen Sie

> Das Leben mit einem Stück Land, bei dem man all seine Winkel und Ecken kennen lernt, bevor man einen Ort auswählt, an dem man etwas anpflanzt, ist für jeden Gärtner von großem Nutzen, vom Anfänger bis zum Fortgeschrittenen.

ihn auf eine Weise an, die authentisch ist und Ihrem persönlichen Gefühl für Harmonie und Ausgeglichenheit entspricht. Das ist ein sensibles Unterfangen – ähnlich dem intuitiven Erfassen, wie sich ein anderer Mensch fühlt, indem wir seine unausgesprochenen sensorischen Schwingungen registrieren.

❧ ZUM AUSPROBIEREN ❧

Stellen Sie einen bequemen Stuhl in Ihren Garten und setzen Sie sich eine Weile hin. Lassen Sie Ihren Garten mit Ihnen »reden«. Nehmen Sie seine Stimmung auf, seine Form und seine Konturen. Wohin zieht es Ihren Blick? An welcher Stelle möchten Sie gern spazieren gehen? Was scheint er zu brauchen: Gleichgewicht, Privatsphäre, Farbe, mehr Energie, weniger Krempel? Verbringen Sie so viel Zeit damit, wie Sie dafür benötigen. (Ich brauchte einen ganzen Winter!)

Experimentieren

Das ganze Leben ist ein Experiment.
Oliver Wendell Holmes

In meinem Garten führe ich gerade ein Experiment für den kommenden Frühling durch. Eigentlich hatte ich diesen Herbst nicht vor, etwas Neues zu pflanzen, weil ich so viel anderes zu tun hatte, aber während ich einen meiner Kataloge durchblätterte, stieß ich auf ein Foto höchst erstaunlicher französischer Tulpen in Pfirsich und Apricot. Sie waren einfach umwerfend. Ich hatte die Vision eines riesigen Beetes mit diesen Tulpen … Einfach himmlisch! Aus einer Laune heraus beschloss ich herauszufinden, was passiert, wenn ich Tausende dieser Tulpenzwiebeln in meiner Wiese anpflanze. Es könnte überwältigend werden, und ich möchte das einfach gerne sehen. Was für ein Spaß wird es sein, im nächsten Frühling jeden Tag frisch geschnittene Tulpen zu haben!

Wenn wir experimentieren, akzeptieren wir angewandte Zwiespältigkeit. Schon allein das Wort *Experiment* impliziert, dass wir das Ergebnis nicht kennen; wir wollen herausfinden, ob etwas ein Erfolg wird oder nicht, wie es aussieht, welche Gefühle es in uns hervorruft, *ohne uns dabei dauerhaft zu etwas zu verpflichten.* Ich glaube, einer der Gründe, warum Madonna heutzutage zu einer Popikone wurde, ist der, dass sie den

Geist der Experimentierfreude verkörpert. Sie wechselt die Identitäten wie wir unsere Kleider. An einem Tag ist sie eine ausgeflippte, fast schon billige Blondine, am nächsten eine elegante Geisha und am Tag darauf die spirituell interessierte Mutter zweier Kinder. Ihre Fans und die Medien warten begierig darauf, was sie als Nächstes ausprobieren wird – die Fans, um ihr nachzueifern und sie zu bewundern, die Medien für gewöhnlich, um auf ihr herumzuhacken. (Es gibt viele Leute, die sich von einem Menschen bedroht fühlen, der umwälzende Veränderungen freudig akzeptiert.) Obwohl mir nicht immer gefällt, was Madonna tut oder wie sie aussieht, begrüße ich ihre Flexibilität und Abenteuerlust. Sie hat keine Angst vor Experimenten.

Das Experimentieren hält Ihren Verstand beweglich und öffnet Ihre emotionalen und kognitiven »Poren«. Wann immer Sie etwas Neues ausprobieren, schicken Sie Ihre Neuronen auf eine Reise, die sie noch nie zuvor unternommen haben, und das eröffnet Ihnen neue Wege. Ihre Gedächtnisbank erweitert sich und die Erfahrung wird zu einem Teil von Ihnen. Wenn ein Baby zum ersten Mal ein neues Nahrungsmittel probiert, dann ist der erste Biss – beispielsweise in eine Erbse – unvertraut, vielleicht sogar ein wenig merkwürdig. Aber sobald das Baby kaut und den Geschmack der Erbse in seiner Gedächtnisbank verinnerlicht, nimmt es die sensorische Erfahrung der Erbse »in Besitz«. Es hat sich weiterentwickelt – nur durch diesen Biss in ein kleines, grünes Ding. Und genau so läuft es ab – immer ein Biss, ein Geschmack, eine Erfahrung auf einmal.

Als meine Kinder heranwuchsen, trichterte ich ihnen stets von neuem ein, dass sie niemals wissen würden, wie sie sich unter bestimmten Umständen fühlen oder was genau sie tun würden, solange sie es nicht ausprobierten. Wann immer ihr Interesse für etwas geweckt wurde, sagte ich: »Na los, probiere es!« Meine Tochter versuchte sich als Cheerleaderin, in einer Rudermannschaft, als Studentin einer Fernuniversität und lebt heute in Israel. Mein Sohn arbeitete als Helfer auf einem Bauernmarkt, verließ die High School, um dann ebenfalls an einer Fernuniversität zu studieren, und brachte vernachlässigten Großstadtkindern Basketball bei. Die Leute hielten mich für verrückt, weil ich sie ermutigte, alles auszuprobieren, was sie interessierte, und es zu akzeptieren, wenn es sie nicht länger begeisterte. Die vorherrschende Meinung jener Zeit lautete, ich hätte sie konsequenter zu Konsistenz und Stabilität drängen sollen. Aber wissen Sie was? Heute sind die beiden zwei selbstbestimmte und harmonische Persönlichkeiten. Sie wissen, was für sie funktioniert, und haben nur wenig Angst, auch mal aus ihrer »Komfortzone« herauszutreten.

Gartenarbeit ist tatsächlich immer ein Experiment. Wir glauben zu wissen, welche Ergebnisse wir erzielen werden und was wir zu erwarten haben, aber irgendwann stellt jeder Gärtner fest, dass er keine Kontrolle hat. Die eigentliche Macht, die wir haben, betrifft nicht das Ergebnis, sondern unsere Bereitschaft, Neues auszuprobieren und zu schauen, was sich daraus entwickelt.

Bevor auch nur ein einziges Beet ausgehoben oder ein Quadratmeter Erde zu einem Garten umgegraben wird, muss zuerst ein Plan erstellt werden, und es gibt keinen besseren Weg, ein Schema für Ihren Garten auszuarbeiten als durch Experimente. Beim Experimentieren können Sie verschiedene Möglichkeiten austesten, um all das zusammenzubringen, was Sie wollen, was Sie brauchen und was Sie haben, und dann einen funktionierenden Plan zu entwerfen. Ich liebe die folgende Übung und führe sie heute noch jedes Mal durch, wenn ich einen Garten entwerfe, ob es nun mein eigener ist oder der eines Kunden.

ZUM AUSPROBIEREN

Nehmen Sie die Skizze zur Hand, die Sie im Kapitel *Die Realität akzeptieren* (siehe Seite 114) von Ihrem Grundstück gemacht haben. Wenn Sie noch keine Skizze angefertigt haben oder Ihnen die alte Skizze nicht mehr gefällt, setzen Sie sich erneut hin. Denken Sie daran, dass sie nicht perfekt sein muss; sie soll nur eine relativ präzise Abbildung der Größenverhältnisse und der existierenden Elemente liefern.

Als Nächstes skizzieren Sie symbolisch all jene Elemente auf einem separaten Blatt Papier, die Sie sich für Ihren Garten wünschen. Bunte Punkte eignen sich hervorragend für Blumenbeete, graue Kreise für einen Steingarten, eine Mauer oder einen Weg, auf dem Kopf stehende Hufeisen für eine Laube oder Pergola, längliche, grüne Rechtecke für Immergrünhecken. Schneiden Sie diese Symbole anschließend aus.

Befestigen Sie nun ein Stück Klebestreifen auf die Rückseite dieser Symbole und kleben Sie sie auf Ihr Gartenschaubild. Spielen Sie damit herum, schieben Sie sie hierhin und dorthin. Spüren Sie intuitiv, was wohin sollte? Vergessen Sie nicht, bei der Gestaltung auch immer an Ihre Bedürfnisse zu denken.

Versuchen Sie es mit verschiedenen Anordnungen: Sie legen gerade den Grundstein für Ihren Garten; konzentrieren Sie sich daher auf die Möglichkeiten, nicht auf die Beschränkungen. Bleiben Sie locker; verbeißen Sie sich nicht in die Idee, die perfekte Anordnung zu finden. Russell Page, einer der berühmtesten Gartendesigner aller Zeiten, erstellte nie einen offiziellen Plan; er machte immer ganz beiläufig Skizzen auf Servietten. Denken Sie daran: Nichts von alldem muss von Dauer sein, also spielen Sie unbeschwert damit herum und lassen Sie sich einfach überraschen.

Behalten Sie sich das Recht vor, *nicht* sofort eine Lösung zu finden. Es ist ja nicht so, als ob Sie es gleich beim ersten Mal richtig machen müssten; so funktioniert das nicht. Die großen Komponisten setzen sich ja auch nicht einfach ans Klavier und zaubern schon beim ersten Versuch eine Symphonie nach der anderen aus den Tasten. Es ist ein langwieriger Prozess.

Wenn Sie auf kreative Blockaden stoßen, dann atmen Sie tief durch und stellen Sie sich das Puzzle lose vor Ihrem inneren Auge vor. Je mehr Druck Sie auf sich ausüben, es richtig zu machen, desto mehr verbauen Sie sich Ihre kreativen Möglichkeiten. Aber wenn Sie sich entspannen und ohne Vorbehalte oder Druck experimentieren, werden Sie höchstwahrscheinlich etwas Wunderbares hervorbringen.

Sobald Ihre Skizze an dem Punkt angelangt ist, an dem sie Ihnen rundum gefällt, hängen Sie sie an eine Stelle, an der Sie sie oft sehen (für gewöhnlich hänge ich meine in die Küche, wo ich mit Topfpflanzen arbeite). Leben Sie eine Weile damit. Funktioniert es? Warum oder warum nicht? Entspricht es den Prioritäten Ihrer Bedürfnisse? Ist es sinnvoll? Fühlt es sich richtig an? Wenn nicht, versuchen Sie es von neuem. Man findet am besten heraus, was geht, wenn man sieht, was nicht geht. Da gibt es die berühmte Geschichte von Thomas Edison, der die Glühbirne erst entdeckte, nachdem er zweitausend Wege gefunden hatte, wie es nicht funktioniert.

Verschieben Sie die Symbole, verändern Sie sie, überarbeiten Sie Ihre Skizze, improvisieren Sie ... Dieses Puzzle hat unendlich viele Lösungen!

Ein Garten ist dann gut, wenn seine Wege fließend ineinander übergehen und nichts rein zufällig platziert wurde. Achten Sie beim Entwurf Ihres Gartens darauf, dass ein Bereich nahtlos in den anderen übergeht. Wenn die Übergänge ungeschickt liegen, blockiert oder unnatürlich sind, dann spielen Sie so lange mit der Anordnung herum, bis Sie ein zusammenhängendes Ganzes erreicht haben.

Ein paar Strukturierungstipps

- Einfriedungen verleihen Ihrem Garten einen Rahmen und schaffen »Räume«. Was eignet sich für Ihren Garten? Brauchen Sie etwas Stabiles? Oder gar nichts? Bäume, Hecken, Zäune, Stein- oder Mörtelmauern, hohe Gräser oder Bambus geben hervorragende Begrenzungen ab.
- Gartenwege sind Pfade, die in Ihren Garten führen, durch ihn hindurch und aus ihm heraus. Sie unterteilen die verschiedenen Bereiche und schaffen auf Ihrem Grundstück ein Gefühl des Fließens und der Bewegung. Dabei können die Wege zwischen den einzelnen Bereichen befestigt sein oder nicht. Kommen Sie mühelos von einem Bereich Ihres Gartens in den nächsten?
- Was sehen Sie von Ihrem Garten aus? Wie sieht der Garten von der Straße, vom Haus oder von verschiedenen Stellen im Garten selbst aus?

Mit der Zwiespältigkeit leben

Es ist nicht so, dass ich besonders klug wäre; ich beschäftige mich einfach nur etwas länger mit einem Problem.

Albert Einstein

Die Planung eines Gartens kann zu einer echten Herausforderung werden, das ist mir klar. Es ist natürlich herrlich, wenn alles gleich zusammenpasst, aber wie oft kommt das schon vor? Normalerweise kämpfen wir uns durch Ideen, Anordnungen und Lösungen und arrangieren ständig alles um, bis wir etwas finden, das für uns funktioniert. In unserem Übereifer, ein Problem zu lösen, arbeiten wir oft schludrig und gelangen zu voreiligen Schlüssen, bis wir letztendlich frustriert sind und noch bestrebter, alles möglichst rasch hinter uns zu bringen. Doch einer der herausragenden Charakterzüge einer kreativen Persönlichkeit ist die Fähigkeit, mit der Zwiespältigkeit zu leben, das heißt, sich im »Nicht-Wissen« wohl zu fühlen und zuzulassen, dass sich die Dinge in ihrem eigenen Tempo entwickeln.

In dem Film *Shakespeare in Love* spielt Geoffrey Rush einen Theaterproduzenten, der dem reizbaren Schreiberling mitteilt, dass bei einer Produktion stets alles schief laufen kann und auch schief laufen wird. Es folgt eine komische Verkettung von Hindernissen und Rückschritten, die scheinbar jedes Mal das Ende der Produktion bedeuten. Mit jeder neuen Bedrohung gerät Shakespeare erneut in Panik, aber der Produzent beruhigt ihn gelassen, dass sich schon alles irgendwie finden wird. »Wie das?«, sprudelt es jedes Mal aus dem Schriftsteller hervor. »Ich weiß es nicht; es ist ein Wunder«, entgegnet Rush und zuckt mit den Schultern. Und irgendwie findet sich tatsächlich immer alles. Hier haben wir es zweifelsohne mit einem Menschen zu tun, der gelernt hat, sich angesichts von Zwiespältigkeiten wohl zu fühlen!

Hatten Sie je ein Problem, und jemand riet ihnen: »Denk einfach nicht mehr daran; dann kommt die Antwort von ganz allein.«? Ihr Ratgeber wusste es vielleicht nicht, aber das ist in der Tat ein sehr gesunder, psychologischer Vorschlag. Wenn Sie in der Lage sind, Ihren Verstand auszuschalten, erlauben Sie es Ihrem Unterbewusstsein, Sie mit der Antwort zu versorgen, nach der Sie suchen. Solange Sie kämpfen und verzweifelt versuchen, eine Lösung zu finden, geraten Sie immer weiter in eine Sackgasse. Erst wenn Sie loslassen, sind Sie fähig, die Dinge auf eine neue Art und Weise zu sehen. Das trifft auch zu, wenn Sie sich an den Namen der Person zu erinnern versuchen, neben der Sie letzte Woche auf der Party saßen: Sobald Sie aufhören, sich krampfhaft an den Namen erinnern zu wollen, wird das Unterbewusstsein die richtige Antwort nach oben schwemmen und sie Ihnen glasklar servieren.

Der Psychologe Wolfgang Kohler führte einmal ein Experiment durch, bei dem er einem Schimpansenpärchen zwei Stöcke gab, mit deren Hilfe sie eine Banane erreichen konnten, vorausgesetzt, sie schoben die Stöcke ineinander. Anfangs wussten die Schimpansen nicht, was sie tun sollten, und versuchten vergeblich, sich mit nur einem Stock die Banane zu angeln. Das frustrierte sie immens. Schließlich gaben sie auf und spielten mit den beiden Stöcken. Auf diese stressfreie, entspannte Weise kam einer der Schimpansen auf die Lösung: Er steckte die Stöcke zusammen und in einem Blitz der Erkenntnis wurde ihm klar, dass er mit diesem neuen, längeren Stock die Banane erreichen könnte. Und – schwupps! – zwei glückliche Schimpansen!

Wenn wir nicht länger voreilige Schlüsse ziehen, sondern uns angesichts eines Problems entspannen, werden wir viel wahrscheinlicher eine Lösung finden, und zwar eine bessere, als wir sie je gefunden hätten, wenn wir uns mental einfach durchgeboxt hätten. Wann immer Ronnie, von Beruf Songwriterin, bei einer Komposition feststeckt, legt sie ihre Gitarre zur Seite und geht mit ihrem Hund BJ auf einen langen Spaziergang. Für gewöhnlich zeigt sich nach drei oder vier Häuserblocks die Antwort vor Ronnies geistigem Auge. Sie ist sich nie sicher, ob es an der frischen Luft liegt, an der Pause von der aktiven Arbeit am Problem oder an den neuen Eindrücken, die ihre Vorstellungskraft beflügeln, aber es funktioniert jedes Mal. Ihre besten Stücke hat sie komponiert, während BJ glücklich schnüffelnd neben ihr herlief, ohne zu wissen, dass er als Katalysator für den Durchbruch seines Frauchens fungierte.

Wenn Sie lernen, mit Zwiespältigkeiten zu leben, hilft Ihnen das nicht nur bei Problemlösungen, es ist auch eine der

> Wenn Sie bei der Ausarbeitung Ihrer Vision oder Ihres Planes in eine Sackgasse geraten, legen Sie das »Problem« eine Weile zur Seite und gehen Sie spazieren oder machen Sie eine Ausfahrt, entrümpeln Sie einen Schrank, spielen Sie ein Instrument – alles, was Sie von dem anstehenden Problem ablenkt. Auch wenn Ihnen das schwer fällt, tun Sie es. Inspiration erfolgt durch die Inkubation mit Ideen und Bildern; man kann sie nicht erzwingen.

wertvollsten spirituellen Lektionen unseres Lebens. Wir hängen der Illusion nach, dass wir alles unter Kontrolle haben, aber das stimmt nicht. Es wird immer Dinge geben, die wir nicht wissen, Situationen, in denen wir uns nicht zurechtfinden, und eine Zukunft, derer wir nicht sicher sein können. In der komplexen und flüchtigen Welt von heute leben wir mit allen möglichen Bedrohungen und Gefahren, die vielleicht eintreten, vielleicht aber auch nicht. Wir können unterschiedlichste Maßnahmen ergreifen, damit wir uns sicher und glücklich fühlen, aber letztendlich finden wir unseren Seelenfrieden nur, wenn wir akzeptieren, dass wir einfach nicht wissen können, was auf uns zukommt.

Wahrscheinlich ist Ihnen nicht auf Anhieb klar, wie Sie in Ihrem Garten arbeiten wollen und was Sie dort tun möchten, aber das herauszufinden ist doch der halbe Spaß. Sehen Sie Ihren Garten als Gelegenheit, mit Zwiespältigkeiten leben zu lernen. Lassen Sie sich eine Weile auf das Nicht-Wissen ein und schauen Sie, was dann geschieht. Ich denke, Sie werden überrascht feststellen, wie sehr es Sie inspiriert, wenn Sie sich von dem Druck befreien, alles wissen zu müssen, und sich stattdessen einfach treiben lassen und ein Puzzlestück nach dem anderen an seinen Platz setzen.

> Obwohl Beethovens Genie es so aussehen lässt, als ob seine Symphonien mühelos auf einen Schlag entstanden wären, erstellte Beethoven oft Dutzende von Versionen, bevor er sich für eine entschied, die ihm gefiel. Er bewahrte seine Notizbücher mit Phrasen und Passagen jahrelang auf, bevor er sie in einem Stück zum Einsatz brachte. Wie andere kreative Geister auch, bastelte er an seinen Kompositionen herum, überarbeitete sie, änderte sie und verbesserte ständig sein Werk, bis es letztendlich in Perfektion erklang.

Ihre Vision zum Leben erwecken

Hauchen Sie Ihrer Idee Leben ein und entlassen Sie sie aus Ihrem Geist.

Sark

Bei jedem kreativen Prozess kommt der Moment, in dem die Vision zum Leben erweckt werden muss. Der erste Pinselstrich, das erste Wort auf der Seite, die ersten Noten eines neuen Liedes: Das sind die physischen Manifestationen all dessen, was Sie sich vorgestellt und erträumt haben, was Sie vor Ihrem geistigen Auge gesehen und geplant haben. Wie schon Thoreau sagte, ist es ganz schön, Luftschlösser zu bauen, der Schlüssel zum Erfolg besteht jedoch darin, ihnen ein festes Fundament zu verleihen.

Es ist ein kraftvoller und energiegeladener Augenblick, wenn man sieht, wie die eigene Schöpfung Gestalt annimmt. Ganz ähnlich, wie wenn man seine Gedanken ausspricht. Sobald man die Worte laut sagt, nimmt man sie in Besitz. Sie sind nun am Wendepunkt angekommen. Das, was in *Ihnen* war, ist jetzt *da draußen,* und Sie können es prüfend betrachten. Zum ersten Mal ist es lebendig, dreidimensional und in Farbe ... Es wird Sie beflügeln.

Ohne diesen Schritt existiert Ihre Schöpfung nur in Ihnen. Ein Schriftsteller aus meinem Bekanntenkreis flippt jedes Mal

> Wenn sich bei der Gestaltung Ihres Gartens etwas nicht richtig anfühlt, dann machen Sie nicht sofort weiter. Versuchen Sie herauszufinden, was genau Sie stört. Selbst wenn Sie gar nichts über Gartengestaltung wissen, können Sie Ihrem Instinkt vertrauen. Wenn es sich jetzt, in der Planungsphase, nicht richtig anfühlt, dann wird es sich auch in der Phase des Anpflanzens nicht besser anfühlen. Sollten Sie Hilfe benötigen, wenden Sie sich an eine kundige Freundin oder einen qualifizierten Fachmann.

fast aus, wenn jemand behauptet, er habe sicherlich ein ganzes Buch fertig im Kopf und würde es auch zu Papier bringen können, wenn er nur die Zeit dazu fände. Sich ein Buch vorzustellen und es tatsächlich zu schreiben, sind zwei Paar Stiefel. Es sich vorzustellen ist intim und sicher, aber es zu schreiben bedeutet, sich einem Risiko auszusetzen und seine kreative Arbeit aller Welt vorzulegen. Niemand hat je den Pulitzer-Preis für ein Buch erhalten, das er im Kopf hatte.

Von allen Schritten des kreativen Prozesses erfordert dieser den größten Mut. Man braucht schon etwas Mumm, um das Risiko einzugehen, sich exponiert und verletzlich zu fühlen – nicht nur vor anderen Menschen, sondern auch vor den Augen des Kritikers in einem selbst. Häufig geraten die Leute in Panik, sobald ihre Schöpfung Gestalt annimmt: *Ich hatte keine Ahnung, dass es so aussehen würde ... Das wirkt irgendwie merkwür-*

dig ... Ich muss das ändern! Der Architekt Frank Gehry, der das Guggenheim-Museum in Bilbao in Spanien entworfen hat, gab einmal zu, dass ihn Panik erfasste, als der herrliche Bau enthüllt wurde. Um ihn herum applaudierte das Publikum, doch er hatte nur einen Gedanken: *Mein Gott, was habe ich getan?*

Warum tun sich gerade in dieser Phase so viele emotionale Fallgruben auf? Weil wir eine Verpflichtung eingehen, welches der furchteinflößendste, emotionale Schritt ist, den wir als Menschen machen können. Mit jeder Entscheidung geht man eine Verpflichtung ein, selbst wenn diese Verpflichtung nicht von Dauer ist: wo wir wohnen, was wir essen, wen wir heiraten, wie wir unsere Haare schneiden. Das Paradox der Verpflichtung, so erklärt Rollo May, besteht darin, dass wir für gewöhnlich immer noch Zweifel haben, auch nachdem wir die Verpflichtung eingegangen sind. Wir fühlen uns nie wirklich frei und wenn doch, ist das nur ein Trick unseres Verstandes, um uns vor der Qual der Unsicherheit zu schützen, ob es die richtige Entscheidung war oder nicht. Wie sollten wir das auch wissen können? Doch wie May so weise bemerkt: Eine Verpflichtung ist nicht dann am gesündesten, wenn sie *ohne* Zweifel eingegangen wird, sondern wenn man sie *trotz* seiner Zweifel auf sich nimmt.

Die Übung, die wir im Kapitel *Experimentieren* durchgeführt haben, war rein metaphorisch; jetzt machen wir uns wirklich ans Werk. Im Garten erwecken wir unsere Vision zum Leben, indem wir unsere Skizze tatsächlich auf unser Stück Land übertragen. Das Schöne daran ist, dass wir erst versuchen, unseren Plan zu realisieren, und dann sehen, ob es uns gefällt.

ZUM AUSPROBIEREN

Für diese Übung brauchen Sie lange Bambusstöcke (erhältlich in Ihrem Gartencenter), einen Gartenschlauch und/oder einige lange Nägel sowie ein Seil (beziehungsweise eine gewöhnliche Schnur). Dazu so viele große Objekte, beispielsweise Küchenstühle, wie Sie tragen können.

Setzen Sie die Hilfsmittel ein, mit denen Sie sich am wohlsten fühlen. Sie sollen damit die Stellen kennzeichnen, an denen sich künftig Wege, Begrenzungen (wenn Sie dort Pflanzen einsetzen oder Zäune errichten wollen) und Gartenbeete befinden sollen. Bei geschwungenen Beeten nehme ich den Schlauch, weil der sich leicht biegen lässt. Für gerade Linien verwende ich die Bambusstöcke, und für alles Lange, beispielsweise die Gartenwege, schlage ich alle paar Meter einen Nagel in den Boden und schlinge dann das Seil darum. Gehen Sie einfach los und markieren Sie die einzelnen Bereiche Ihres Gartens mit diesen Hilfsmitteln. Machen Sie sich in diesem Augenblick keine allzu großen Gedanken um die Abmessungen; die lassen sich später präzise korrigieren. Sie sollten nur die Umrisse und Größe der einzelnen Bereiche abstecken, bis Sie mit dem Ergebnis zufrieden sind.

Für größere Elemente, die auch in die Höhe ragen, beispielsweise eine Laube, eine Pergola oder einen Brunnen, nehmen Sie einen Stuhl oder was Sie sonst zur Hand haben. Hier müssen Sie vielleicht ein wenig improvisieren. Versuchen Sie, die Bambusstöcke wie bei einem Tipi zusammenzubinden. Es ist wichtig, dass Sie ein Gefühl für die Größe bekommen, darum sollten Sie Gegenstände wählen, die ansatzweise das symbolisieren, was Sie später an dieser Stelle haben wollen.

Korrigieren Sie gegebenenfalls Ihren Grundriss. Übereilen Sie diesen Vorgang nicht. Tun Sie so, als seien Sie ein Bildhauer, nehmen Sie die Form und Größe Ihrer Schöpfung von allen Seiten in sich auf. Sobald ich meinen gewünschten Grundriss abgesteckt habe, lasse ich ihn häufig eine Weile ruhen und beschäftige mich mit anderen Dingen, dann erst komme ich zurück und betrachte ihn erneut. Manchmal finde ich ihn immer noch gut, dann wieder sammle ich alles ein und fange neu an. Wenn Sie an diesem Tag nicht die Anordnung finden, die Sie sich vorgestellt haben, und nichts richtig zu sein scheint, dann lassen Sie alles stehen und liegen und versuchen Sie es am nächsten Tag erneut.

In diesem Augenblick setzen Sie alles, was wir bis jetzt gelernt haben, in die Praxis um. Beobachten Sie weiter, bleiben Sie für Möglichkeiten offen, vertrauen Sie Ihrem Instinkt, hören Sie zu, experimentieren Sie und leben Sie mit der Zwiespältigkeit. All Ihre inneren Kritiker werden hervorkriechen, also denken Sie daran, der Furcht mit Glauben entgegenzutreten – dem Glauben an sich selbst und an dieses Projekt.

Sobald Sie sich der Anordnung verschrieben haben, die Ihnen am meisten zusagt, lassen Sie einfach los – in dem Wissen, dass Sie die bestmögliche Entscheidung für das, was Sie haben und wo Sie jetzt sind, getroffen haben. Später können Sie immer noch korrigieren und verändern, aber im Moment sollten Sie diese Phase abschließen und zum nächsten Schritt übergehen.

VIERTE PHASE

Anpflanzen

Aktiv werden

Jetzt ist die Zeit gekommen, unsere Pläne in die Tat umzusetzen! Wir gehen in unserem Garten buchstäblich auf die Knie und machen uns die Hände schmutzig – eine herrliche Metapher für das Blut, den Schweiß und die Tränen, die so häufig mit der Umsetzung unserer kreativen Energie und Visionen in etwas Greifbares einhergehen.

Die Phase des Aktivwerdens ist wohl diejenige, die am deutlichsten unser Selbstwertgefühl zutage fördert, denn letztendlich *sind wir, was wir tun.* Unser Leben besteht nicht aus den Worten, die wir sagen, den Plänen, die wir erstellen, oder den Träumen, denen wir uns hingeben. Was wir sagen und denken ist Ausdruck unserer Persönlichkeit, aber die Entscheidungen, die wir treffen, und die Handlungen, die wir durchführen, erzählen die wahre Geschichte unseres Charakters. Ich sage immer, dass man eine Therapie nicht in der Praxis eines Psychologen absolvieren sollte; wenn man das Wesen eines Menschen herausfinden will, sollte man ihn in einen Garten führen. Dort ließe sich überraschend schnell herausfinden, wie sich seine Synapsen verbinden! Es ist eine kathartische Erfahrung, tatsächlich zu graben und zu rupfen und zu jäten – eine urtümliche Erfahrung, bei der man an seine eigenen Wurzeln stößt.

Es gibt verschiedene Theorien, die das Einsetzen der Pflanzen von eigener Hand unterschiedlich bewerten (im Gegensatz dazu, einfach jemanden anzuheuern, der es für uns übernimmt). Auf der einen Seite finden wir Menschen wie Karel Capek, Autor von *Das Jahr des Gärtners,* der sagt, der beste Weg, einen kleinen Garten anzulegen, sei es, sich einfach einen Gärtner zu besorgen. Nicht alle von uns haben die Zeit, sich selbst um ihren Garten zu kümmern, und wenn wir durch die Gartenarbeit nur zu uns selbst finden wollen, reicht womöglich der Prozess des Entwerfens aus, um unser kreatives Feuer zu entfachen und unsere innere Verbindungen herzustellen. Auf der anderen Seite gibt es die frenetischen Enthusiasten, die erklären, die Arbeit mit den eigenen Händen sei der eigentliche Sinn und Zweck des Gärtnerns – dazu gehört auch Mahatma Gandhi, der einmal sagte: »Wenn wir vergessen, wie man Erde umgräbt und das Land bestellt, dann vergessen wir uns selbst.«

Ich finde nicht, dass es hier nur ein Entweder-oder gibt. Für mich ist es ein ständiger Prozess. Wie bei jeder Lehrer-Schüler-Beziehung besteht das Ziel letztendlich darin, Selbstvertrauen aufzubauen und zwar durch kleine Schritte in Richtung Unabhängigkeit. Vielleicht fangen Sie damit an, jemanden zu engagieren, der Ihren Garten bepflanzt, wenn Sie sich damit wohler fühlen. Idealerweise tun Sie das mit der Absicht, der Erde näher zu kommen, Ihren Grund und Boden in Besitz zu nehmen und vielleicht eines Tages Seite an Seite mit anderen zu arbeiten. Dann kommt die allmähliche Übergabe der Verantwortung von den anderen auf Sie. Sie übernehmen, wo die anderen aufgehört haben, ähnlich einem Vater oder einer Mutter, die ihrem Kind beibringen wollen, ein Fahrrad ohne Stützräder zu fahren, und irgendwann loslassen, damit das Kind die anfänglich wacklige Fahrt allein bewältigt. Fangen Sie klein an; tun Sie, was Sie können, und lernen Sie mit jedem Schritt dazu.

Ich glaube fest, dass es besonders machtvoll ist, wenn man etwas aus der Natur nimmt und es mit seinen eigenen Händen formt. Von dem Moment an, wo Sie diesen ersten Klumpen Erde umdrehen, werden Sie von Kraft erfüllt sein, weil Sie sofort eng mit der Natur zusammenarbeiten. Mit wem sollte man auch besser zusammenarbeiten können als mit der größten Kraft auf dieser Erde? Die transzendentale Bewegung in der Literatur – siehe beispielsweise Emerson, Thoreau, Whitman – basiert auf der Fähigkeit des Menschen, unsere selbst auferlegten Grenzen zu überschreiten, indem wir eine Verbindung mit der Natur eingehen. Aus der Erde kommen wir, zu Erde werden wir, und wenn wir dazwischen mit dieser Quelle eng verbunden bleiben, dann bewegen wir uns innerhalb unseres Potenzials und darüber hinaus.

In dieser vierten Phase durchlaufen wir folgende Elemente des Pflanzens: Wir treffen eine Auswahl, bitten um Unterstützung, gehen Risiken ein, bereiten uns vor und üben uns in Geduld. Ich möchte Sie ermutigen, sich in dieser Phase zu fragen, wo genau Sie im ständigen Prozess des Aktivwerdens stehen, und ob Sie bereit sind, sich ein wenig weiter zu wagen, sich weniger auf andere zu verlassen und Ihr Stück Land – und sich selbst – immer mehr in Besitz zu nehmen.

Eine Auswahl treffen

Wenn du nur noch zwei Geldstücke hast, kauf dir von dem einen Geldstück einen Laib Brot und eine Lilie von dem anderen.

Chinesisches Sprichwort

In einem meiner Workshops sprachen wir über die Auswahl der Pflanzen für unseren Garten. Ich hatte den Teilnehmern eine vereinfachte Version des Projekts in diesem Buch vorgestellt, und alle acht Gartenanfänger hatten daraufhin eine ganz persönliche Version des Gartens entworfen, den sie sich wünschten.

Natalie, eine Frau Mitte zwanzig mit sanfter Stimme, kam irgendwann auf mich zu und meinte, sie stecke jetzt wirklich fest. Sie war mit ihrer Vision, ihren Bedürfnissen und ihrem Plan fest im Hinterkopf in das örtliche Gartencenter gegangen. Aber als sie dann all diese Reihen unbekannter Pflanzenarten vor sich sah, konnte sie sich plötzlich an gar nichts mehr erinnern.

»Ich hatte vollkommen vergessen, wozu ich hergekommen war!«, sagte sie. »Als ich das Gartencenter betrat, glaubte ich, eine ziemlich genaue Vorstellung von meinen Wünschen zu haben, aber dann gab es all diese Wahlmöglichkeiten, und überall waren diese komplizierten Pflegeanweisungen befestigt, also drehte ich mich um und ging einfach wieder hinaus, ohne auch nur eine einzige Pflanze gekauft zu haben.«

Wer von uns hätte nicht an irgendeinem Punkt in seinem Gartenleben genau die gleiche Erfahrung wie Natalie gemacht? Das grelle Licht, Abertausende von ansprechenden Pflanzen und Blumen, der Gedächtnisschwund, der uns befällt und uns vergessen lässt, warum wir überhaupt gekommen sind ... Mir passiert das auch heute noch! Gerade Anfänger fühlen sich bei der Entscheidungsfindung bisweilen eingeschüchtert oder bekommen es sogar regelrecht mit der Angst zu tun.

Für die Auswahl der Pflanzen für Ihren Garten gibt es keine Vorgaben. Ich könnte Ihnen natürlich eine Tabelle an die Hand geben, welche Pflanzen Sie wählen sollten (ganz allgemein gehalten), aber eine Gartenarbeit, bei der es um Selbstfindung geht, funktioniert nicht auf diese Weise. Das ist der ausgetretene Pfad des »Gärtnerns-nach-Vorgaben«. Und wo bliebe dann das Abenteuer? Wie bei jedem Aspekt des Lebens ist auch die Gartenarbeit eine Welt für sich – und es gibt viel zu entdecken. Wie unerschrockene Forscher machen wir uns auf in dieses faszinierende und völlig unvertraute Territorium, bewaffnet nur mit unserer inneren Vision und unserer Persönlichkeit, um uns einen eigenen Weg freizuschlagen.

Sich durch diese Vielzahl an Wahlmöglichkeiten hindurchzukämpfen, ist eigentlich ganz einfach. Sie sollten sich nicht nur umsehen und planlos zugreifen. Der Schlüssel liegt darin, sich der inneren Vision ganz sicher zu sein und dann jede Wahlmöglichkeit daraufhin abzuklopfen, ob sie zu dieser Vision passt. Das ist die Formel für eine gute, persönlich bedeutsame Auswahl – im Garten, bei jedem kreativen Unterfangen und im Leben.

Klingt dies ein wenig strikt in Ihren Ohren? Ja, auf gewisse Weise sicherlich. Immer, wenn wir eine Auswahl treffen, müssen wir unseren Blickwinkel einengen. Erwecken müssen wir ihn in Bezug auf unsere Vorstellungskraft und Vision. Beim Planen und Umsetzen bewegen wir uns innerhalb fester Parameter und beschränken uns deshalb auf eine bestimmte Auswahl. Indem Sie sich immer wieder auf sich selbst besinnen – auf Ihre persönlichen Beweggründe –, werden Sie erleben, dass innerhalb der strikten Verpflichtung die Freiheit liegt, vorwärts zu kommen.

Sie müssen sich bei jeder Pflanze zwei Fragen stellen, um herauszufinden, ob sie in Ihren Garten passt:

- Passt sie zu der Stimmung, zu der Vision und zu dem Stil meines Gartens?
- Macht es Sinn? Passt sie an den Ort, wo ich sie einpflanzen will?

Ein großartiges Beispiel für diese Formel liefert Marcus, der mich in meiner Radioshow anrief, um sich bei der Pflanzenauswahl für seinen Garten beraten zu lassen. Sein Haus war modern und er plante sinnvollerweise einen Garten, der ein zeitgenössisches Gefühl vermitteln sollte: kühn und doch schlicht, mit eleganten Linien, einem Steingarten, viel Grün und einigen Wüstenpflanzen. Die Frage war nur: Welche Pflanzen sollte er auswählen?

Ich riet Marcus, ein paar Sukkulenten auszuprobieren, die meiner Meinung nach zu seiner Vision passten. Er ging in eine Buchhandlung und besorgte sich ein Buch über Sukkulenten, besuchte auch den örtlichen botanischen Garten, um diese Pflanzen in natura zu sehen. In der darauf folgenden Woche rief er wieder an und berichtete, dass sowohl die Kakteen als auch die Hosta-Sorten genau das Gefühl vermittelten, nach dem er gesucht hatte. Er hatte auch ein Foto von einer Yuccapalme mit frischen weißen Blüten gesehen, an die er zuvor nicht gedacht hatte, die ihn aber von dem Augenblick an begeistert hatte, als er sie in der Zeitschrift erblickt hatte. Da keiner von uns einen vollkommen eingleisigen Geschmack hat, sah Marcus natürlich noch viele andere Pflanzen, die ihm gefielen, einschließlich einiger Rosensorten. Aber indem er sich ständig fragte, ob diese Pflanzen zu seiner inneren Vision passten, konnte er ihre Schönheit bewundern, ohne sie gleich aus einer Laune heraus zu kaufen. Immer wieder kehrte er zu der Frage zurück: *Passt diese Pflanze zu meiner Vision?*

Die zweite Frage – *Macht es Sinn?* – will im Grunde nur klären, ob diese Pflanze für Ihr Klima, Ihre Schatten- beziehungsweise Sonnenlage, Ihren Breitengrad und Ihre Bedürfnisse geeignet ist. Sie können so viel experimentieren, wie Sie wollen, aber letztendlich müssen Sie die Pflanzen wählen, die in Ihrem Garten auch überleben können. Nur weil Marcus sich weiße Yuccablüten wünschte, hieß das noch lange nicht, dass sie sich auch seinem Willen beugen und auf seinem Grundstück gedeihen würden. Pflanzen sind, so gesehen, wie Kinder: Sie können ihnen Ihre Wünsche und Erwartungen aufdrängen, aber am Ende bestimmt ihre Natur, wie sie sich entwickeln werden. Glücklicherweise eignete sich der sonnige Garten von Marcus, der in einer warmen Klimazone lag, perfekt für Yuccapalmen, also war seine Wahl »angemessen«.

Manchmal verliebt man sich natürlich in eine Pflanze, die zur eigenen Vision passt, aber dennoch für diesen bestimmten Garten nicht geeignet ist. Sollte das passieren, geben Sie das, was Sie an dieser Pflanze lieben, nicht gänzlich auf. Suchen Sie einen Ersatz, der ihr ähnelt, aber zu Ihrem Garten passt. So wie im Fall von Christine, einer Anruferin aus Kalifornien, die Probleme mit den Pfingstrosen hatte, die sie in ihrem üppigen Cottagegarten angepflanzt hatte. Das war auch überhaupt kein Wunder, denn Pfingstrosen gedeihen in diesem Klima nicht. Ich schlug vor, sie solle zu einheimischen kalifornischen Mohnblumen oder alten Rosensorten greifen, die würden ihr dasselbe prächtige Gefühl großer Blüten vermitteln.

In jedem kreativen Bereich müssen Entdeckerfreude und ein Verständnis für die notwendigen Materialien Hand in Hand gehen. Beim Stricken erlernt man das Gefühl für die Wolle sowie deren Qualität und welche Stricknadeln man am besten für welches Projekt benutzt. Beim Kochen lernt man die subtilen Geschmacksnuancen verschiedener Kräuter und Gewürze kennen. Und im Garten sammelt man ständig Wissen an und macht sich mit den mannigfaltigen Blumen, Bäumen und Sträuchern vertraut.

Am meisten lerne ich über Pflanzen, wenn ich Menschen, die selbst gärtnern, um ihre Anregungen und Vorschläge bitte. Rufen Sie bei Radioshows an, klicken Sie Garten-Websites und Chatrooms an, treten Sie einem Gartenverein bei, fragen Sie Freunde und Experten vor Ort und jeden, von dem Sie wissen, dass er einen Garten hat. Ich bin sicher, diese Menschen werden Ihnen nur zu gerne weiterhelfen. Die Gemeinschaft der Gärtner ist überaus freundlich und interaktiv; vereint durch eine gemeinsame Liebe, geben sie ihr Wissen im Allgemeinen gerne weiter. Unter den Gärtnern herrscht das Gefühl vor, dass wir die »Verwalter der Natur« sind, und wenn wir das weitergeben, fühlt es sich wie eine Art Vermächtnis an. Ich weiß noch gut, wie mich während meiner Anfänge eine Freundin mit einer Frau bekannt machte, die Schnittblumen aus ihrem Garten für einen Dollar fünfzig pro Stück verkaufte. Sie wurde durch die kostbaren, kleinen Juwelen ganz sicher nicht reich; sie wollte nur mit anderen aufstrebenden Gärtnern das teilen, was ihr Freude bereitete. Ich muss jedes Mal an sie denken, wenn ich Blumen in meinem Garten für andere schneide und somit die karmische Kette fortsetze.

Ein weiterer großartiger Ort, an dem man etwas über Pflanzen lernen kann, sind Bücher und Zeitschriften, in denen Sie die Flora in ihrer vollen Blüte sehen und erfahren, wo sie gedeihen und wie viel Pflege sie brauchen. Sie können auch Ihren örtlichen botanischen Garten aufsuchen und all die unterschiedlichen Arten in natura betrachten. Dort können Sie die Blätter und Blüten berühren, ihren Duft einatmen und ein Gefühl für ihre Größe und ihre Präsenz bekommen. Ein Gartencenter hingegen ist nur auf Verkauf aus; darum schlage ich Ihnen vor, sich erst kundig zu machen, bevor Sie dorthin gehen.

Ein Schlüsselelement erfolgreichen Gärtnerns ist die Vertrautheit mit den Bedürfnissen Ihrer Pflanzen, bevor Sie sie einpflanzen. Schauen Sie sich die in Frage kommenden Pflanzen vorab im Gartencenter oder im botanischen Garten an, lernen Sie alles, was Sie wissen müssen, über diese Pflanzen, und stellen Sie sicher, dass Ihr Grundstück auch eine gastfreundliche Heimstätte für diese Pflanzen bietet.

Manchmal ist eine Entscheidung so offensichtlich wie ein Welpe, der gestreichelt werden will. Dann wieder müssen Sie mit verschiedenen Optionen herumspielen, bis Sie die richtige finden. Wenn Sie mir und all den anderen Gärtnern ähnlich sind, die ich kennen gelernt und mit denen ich gearbeitet habe, dann werden Sie einige gute Entscheidungen treffen und einige miserable, und das ist absolut in Ordnung. Wir können immer nur die Wahl treffen, die in genau diesem Augenblick am besten für uns ist.

Woher wissen Sie, ob eine Pflanze in diesem Augenblick wirklich die beste für Sie ist? Das ist im Garten genauso wie im Leben: Die Lösung ist elegant. Eleganz ist das Ziel, nach dem Wissenschaftler streben, wenn sie die verschiedenen Teile ihrer Hypothese zusammensetzen, und was Mathematiker finden, wenn sich ihre Theoreme nahtlos entfalten. Es fühlt sich sauber und richtig an und passt wunderbar an diese Stelle. Das geschieht nicht immer und ganz besonders nicht bei Anfängern, für die der Prozess etwas holpriger ist, aber wenn Sie sich vornehmen, stets nur eine authentische Wahl zu treffen, dann werden Sie einen Funken davon verspüren. Im großen Plan der Dinge ist ein Leben, das aus vielen eleganten Entscheidungen besteht, genau das Leben, das letztendlich sauber, glatt und mühelos wie ein Fluss strömt.

Die symbolische Bedeutung der Bäume

Ahorn	**Erfolg, Fülle**
Apfelbaum	**Wahl**
Birke	**Fruchtbarkeit**
Eiche	**Kraft**
Esche	**Konzentration**
Kiefer	**Verringerung der Schuld**
Tanne	**klare Vision dessen, was kommt**
Ulme	**Geerdetsein, Stabilität**
Weide	**Ebbe und Flut des Lebens**

Frans Grundregeln für den Pflanzenkauf

- Kaufen Sie Ihre Pflanzen immer nur bei einem seriösen Händler. An jeder Pflanze sollten Pflegehinweise befestigt sein. Ist das nicht der Fall, dann verzichten Sie auf den Kauf – außer Sie sind ein wirklich erfahrener Gärtner!
- Um sicherzugehen, dass Sie gesunde Pflanzen kaufen, prüfen Sie, ob die Pflanze robust und aufrecht aussieht (und nicht schlaff und welk), ohne Wurzeln, die aus dem Pflanzenbehälter herauslugen, und ohne braune Flecke auf den Blättern.
- Verlassen Sie sich nicht nur auf die Aussage des Verkaufspersonals. Holen Sie selbst Informationen ein und lesen Sie die Schildchen an den Pflanzen, auf denen steht, was sie brauchen.
- Heben Sie diese Etiketten auf. Führen Sie Buch über Ihre Pflanzen, bei wem Sie sie gekauft und wo Sie sie eingepflanzt haben. Darauf können Sie zurückgreifen, wenn Sie der Pflanze eine besondere Pflege angedeihen lassen, sie umpflanzen wollen oder wenn Sie sie einfach nur lieben und im nächsten Jahr mehr von dieser Sorte kaufen möchten.

Pflanzen, die sich gut für eine Schattenlage eignen

- Akelei (Aquilegia)
- Astilbe (Astilbe)
- Dreimasterblume (Tradescantia)
- Elfenblume (Epimedium)
- Fingerhut (Digitalis)
- Funkie (Hosta)
- Herzblume (Dicentra)
- Purpurglöckchen (Heuchera)
- Schaumblüte (Tiarella)
- Wurmfarn (Dryopteris)

Um Unterstützung bitten

Gartenarbeit, das Lesen von Gartenbüchern und das Schreiben über die Gartenarbeit gehören zusammen; niemand kann allein gärtnern.

Elizabeth Lawrence

Der kreative Prozess ist zwar in seiner Keimphase ein einsamer Prozess, aber er muss nicht in absoluter Isolation stattfinden. Es ist oft hilfreich, sich Unterstützung zu holen. Mit Hilfe anderer Menschen können wir unseren Vorstellungen den letzten Feinschliff geben und neue Möglichkeiten auftun, um sie zu erweitern. Hemingways Arbeit wurde durch den Beitrag seines lebenslangen Vertrauten und Lektors Maxwell Perkins in hohem Maße bereichert. Picasso bekam während seiner kubistischen Phase viel Hilfe und Unterstützung von seinem Freund, dem Künstler Georges Braque. Ohne Braques Einfluss hätten Picassos kubistische Arbeiten wahrscheinlich nicht dieselbe Tiefe und auch nicht dieselbe Wirkung auf die Kunstgeschichte gehabt.

Wenn Sie um Unterstützung bitten, dann geht es nicht darum, Ihre Instinkte oder Ihren einzigartigen Stil jemand anderem unterzuordnen, sondern darum, neue Ideen zu begrüßen, die Ihre Gedanken bereichern, korrigieren oder verbessern können. Auf die Idee für die massive Steinwand in meinem Garten brachte mich beispielsweise das Gemälde eines Gertrude-Jekyll-Gartens in England. Ich verliebte mich in das Bild der Blumen, die sich zwischen den Steinen ergossen. Da wir aber in den Vereinigten Staaten andere baurechtliche Vorschriften als in England haben, musste ich eine Betonmauer hinter den Steinen hochziehen, die den Kontakt zur Erde verhinderte. Erst mein Freund Chris Woods hatte die brillante Idee, Röhren zwischen den Steinen einzufügen, damit ich die hängenden Blumen einpflanzen konnte, die ich so sehr liebte. Hätte ich ihn nicht um Rat gefragt, ich hätte die Idee wahrscheinlich aufgegeben, aber da ich ihn fragte, lebe ich jetzt jeden einzelnen Tag mit einem atemberaubenden Anblick aus meinem Fenster.

Es ist wichtig, dass wir unsere kreativen Ideen einer Prüfung unterziehen, um zu sehen, ob sie auch wirklich etwas taugen. Häufig haben wir Visionen und Pläne, die viel zu kostbar sind, um ihnen tatsächlich Gestalt zu verleihen, aber wenn eine Idee zu zart ist, um Kommentare und Feedback auszuhalten, bedeutet das für gewöhnlich, dass sie noch nicht reif für die Umsetzung ist. Meine Kundin Mattie, eine Schriftstellerin, weiß laut eigener Aussage immer, wann es Zeit ist, ihre Arbeitsvorlagen jemandem vorzulegen, dem sie vertraut: Es ist der Moment, in dem sie anfängt, sich besitzergreifend zu verhalten. Dann zeigt sie die Arbeit ihrem Freund, der von Beruf Lektor ist; und es erstaunt sie immer wieder, wie sehr eine objektive Meinung und ein paar konstruktive Vorschläge ihre Arbeit verbessern können. Häufig entdeckt er die einzige unpassende Stelle, deren Korrektur auf subtile, aber dramatische Weise zu einem perfekten Gesamtbild führt.

Wenn wir anderen Menschen Zugang zu unserem Projekt gewähren, gibt uns das eine Lockerheit, die von innen kommt. Ohne es zu merken, klammern wir uns manchmal fest an unser Projekt: Das Vorstellen, Erspüren, Erforschen, Planen – alles tun wir nur für uns, ohne uns klarzumachen, wie sehr wir uns dabei abkapseln. Wir kommen unserer Schöpfung allzu nahe, und das tut weder ihr noch uns gut. Wenn Sie die Fenster öffnen, um etwas frische Luft einzulassen, kann Ihre Kreation atmen, und es hält Ihren kreativen Geist fruchtbar.

Wir können so viel von denen lernen, die diesen Weg schon vor uns gingen. Ich wäre als Gärtnerin nicht halb so gut, wie ich es heute bin, ohne die Anleitung von Chris Woods und meines Mentors Jock Christie. Von ihnen habe ich ungeheuer viel über die Kunst des Pflanzens gelernt, eine Fertigkeit, die ich immer noch studiere und jedes Jahr aufs Neue verbessere. Ob Sie ein absoluter Neuling oder ein erfahrener Gärtner sind – ich möchte Sie in jedem Fall dazu ermutigen, sich von den Experten in Ihrem Umfeld Unterstützung zu holen. Denken Sie daran, Meisterschaft ist nicht unbedingt das Ziel, und im Hinblick auf die Gartenarbeit kann man lebenslang dazulernen. Lernen Sie beim Tun und bitten Sie um Hilfe, wenn Sie sie brauchen.

Für Gärtner ist es fast eine Obsession, sich ständig neues Wissen anzueignen. Gerade, wenn sie gelernt haben, wie man den Boden bestellt, wollen sie unbedingt erfahren, wie man am besten winterharte Pflanzen einsetzt. Sobald sie das gemeistert haben, wollen sie mehr über blühende Sträucher erfahren, dann über Kübelpflanzen, anschließend über das Umpflanzen von Immergrün, daraufhin alles über Schnittblumen … Glücklicherweise geht es immer so weiter!

ZUM AUSPROBIEREN

Wo immer Sie als Gärtner gerade stehen – und woran Sie auch gerade arbeiten –, halten Sie inne und bitten Sie andere Gärtner um ihre Meinung. Holen Sie sich Unterstützung von jemand anderem, auch wenn Sie glauben, dass Sie eigentlich keine Hilfe benötigen, und warten Sie einfach ab, was geschieht. Haben die anderen etwas entdeckt, was Ihnen entgangen ist? Hat deren Beitrag Ihre Idee verbessert? Sind Sie jetzt noch sicherer, wie Sie vorgehen wollen? Ist der Kommentar der anderen für Sie von Wert, sind Sie offen, sich deren Führung anzuvertrauen? Sie können jetzt viel über sich selbst lernen: wie Sie mit Feedback umgehen, und was passiert, wenn Sie anderen Ihren kreativen Geist offenbaren und sie andere hineinlassen.

Risiken eingehen

Wer einen Baum pflanzt, pflanzt Hoffnung.
Thomas Jefferson

Zu Beginn eines jeden Frühlings sehe ich mich in meinem Garten um und stelle mir vor, was ich dieses Jahr alles pflanzen möchte. Dabei verspüre ich immer dieselbe Sehnsucht nach dem Vertrauten. Vielleicht dufteten die Rosen letztes Jahr besonders intensiv oder die Tränenden Herzen schimmerten besonders verlockend, und ich denke: *Ach, das mache ich wieder.* Aber dann erinnert mich der altbekannte Ruck in meinem Innern daran, dass mein Garten ein Labor für mein eigenes Wachstum ist und dass ich nur dann wachse, wenn ich Risiken eingehe. Es ist der Ruck in Richtung einer neueren, unverhüllteren Version von mir, und rasch mache ich eine Kehrtwende und denke darüber nach, was ich in diesem Jahr anders machen könnte.

Wann immer wir etwas erschaffen, gehen wir Risiken ein. Die inspiriertesten Kreationen werden stets aus einem großen Risiko heraus geboren – durch mutige Schritte von Menschen, die es wagen, auf ein neues Gebiet vorzustoßen, trotz ihrer Angst, trotz aller Widrigkeiten und trotz des unsicheren Ergebnisses. Als Robert Redford »Sundance« gründete – seine Version eines kreativen Labors für Filmemacher in den Bergen von Utah –, setzte er damit alles, was er hatte, aufs Spiel, einschließlich seines Rufs, seines Geldes und seiner Energiereserven. Viele Menschen hielten es einfach für verrückt, eine solch ehrgeizige Vision außerhalb der typischen Entertainmentzentren wie New York und Los Angeles ins Leben zu rufen – ganz zu schweigen von Redfords Plan, Hunderte von Hektar Land, das die meisten anderen Menschen gegen hohe Profite zur Bebauung freigegeben hätten, unbebaut zu erhalten. Doch heute ist »Sundance« zu einem kulturellen Vorzeigeobjekt geworden, mit einem jährlichen Filmfestival, das sogar Cannes Konkurrenz macht. Das umliegende Land ist ursprünglich und unbebaut geblieben, so weit das Auge reicht.

Wenn wir Risiken eingehen, werden wir tief in unser Innerstes katapultiert, auf die tektonischen Platten unserer Existenz. Um etwas Neues entstehen zu lassen, müssen wir die zerbrechliche Realität hinter uns lassen, die in diesem Augenblick existiert. Um ein neues Geschäft zu eröffnen, müssen wir unsere bisherige Arbeit aufgeben. Um ein Haus zu unserem Heim zu machen, müssen wir alles Vorherige entfernen und ihm unseren eigenen Stempel aufdrücken. Um ein Kind großzuziehen, müssen wir einen Teil unserer Unabhängigkeit aufgeben. Bei allen kreativen Projekten riskieren wir die Angst vor dem Scheitern in einer Gesellschaft, der es in erster Linie nur um den Erfolg geht. (*Was soll aus mir werden, wenn ich versage?*) Wir riskieren, nicht akzeptiert zu werden. (*Was werden die Leute denken?*) Wir riskieren, das Vertraute und Bequeme aufzugeben. (*Was, wenn mir die neue Realität nicht gefällt?*) Doch trotz all dieser Bedrohungen machen wir – Lebenskünstler, die wir sind – tapfer weiter und gehen wieder Risiken ein, weil wir tief in unserem Innern wissen, dass Risiken den Weg zu unserem gesündesten und besten Selbst pflastern.

Wahre Risiken sind nicht willkürlich. Ich glaube, wir gehen Risiken aufgrund unserer tiefsten Sehnsüchte ein. Immer wenn sich etwas riskant anfühlt, schauen wir für gewöhnlich in das Angesicht von etwas, das wir uns von Herzen wünschen. Wenn dem nicht so wäre, würde es sich nicht so belastend anfühlen, wäre die Entscheidung nicht so emotionsgeladen. Jedes Mal, wenn wir uns dieser Sehnsüchte bewusst werden und entsprechend handeln, kommen wir unserem Wesen einen Schritt näher. Wenn das Ergebnis positiv ausfällt, fabelhaft! Unser Vertrauen in unsere Instinkte wächst. Wenn das Ergebnis nicht positiv sein sollte, ist es auch in Ordnung – wir lernen etwas darüber, was für uns nicht funktioniert.

Einfach etwas Neues auszuprobieren bedeutet nicht unbedingt, auch ein Risiko einzugehen. Das Ausprobieren neuer Dinge aus reiner Neugier ist Experimentierfreude. Neue Dinge auszuprobieren, wenn etwas sehr Reales auf dem Spiel steht, heißt, ein Risiko einzugehen. Ein neues Lasagne-Rezept ist ein Experiment; ein neues Lasagne-Rezept bei einem wichtigen Abendessen auszuprobieren ist ein Risiko. Mit jemandem auszugehen, an dem Sie ein klein wenig interessiert sind, ist ein Experiment; mit jemandem auszugehen, für den Sie intensive Gefühle hegen, ist ein Risiko. Experimente sind eine wunderbare Möglichkeit, uns auszutesten und zu sehen, was uns gefällt und was wir wollen, aber nur ein wahrhaft tollkühner Akt bringt uns weiter.

Es geht hier nicht darum, Risiken einzugehen, weil es uns einen Kick verschafft oder aus Trotz. Dabei handelt es sich nur um einen Adrenalinstoß zur Bekämpfung der Langeweile. Hier geht es darum, bewusst die Grenzen dessen zu verschieben, wer Sie in diesem Augenblick sind, um zu sehen, wer Sie sein könnten. Es geht darum, sich angesichts Ihrer Ängste zu testen und den Mut zu finden, trotz der Ängste weiterzumachen und Ihren Träumen Flügel zu verleihen, selbst wenn Sie dabei hart auf dem Allerwertesten landen.

Vor einigen Jahren lernte ich ein junges Paar auf einer Yoga-Klausur kennen. Beide stammten ursprünglich aus Cambridge in Massachusetts und kamen aus sehr angesehenen Familien. Allisons Mutter war Professorin an der Harvard University und Jessies Familie war alter Geldadel aus Boston. Diese jungen Leute gaben ein perfektes Paar ab: Beide waren sehr abenteuerlustig und keiner von ihnen schien sich auf den Privilegien ausruhen zu wollen, in die sie hineingeboren worden waren. Es waren zwei großzügige und entspannte Menschen, in deren Gegenwart man sich gerne aufhielt. Ich war überhaupt nicht überrascht, als sie mir erzählten, sie seien vor kurzem in eine Kleinstadt in New Hampshire gezogen und renovierten eine alte Scheune, die sie mit der Absicht gekauft hatten, sie in ein Heim zu verwandeln, in dem sie ihre künftigen Kinder großziehen konnten. Sie hatten für sich ein völlig neues Leben geschaffen.

Besonders faszinierend an ihrer Geschichte war der Umstand, wie sie an diesen Punkt gelangt waren. Sie schienen so jung und sorgenfrei, aber eines Abends, als Allison und ich beim Nachtisch und einer Tasse Tee beisammen saßen, erzählte sie mir, wie groß ihnen das Risiko erschienen war, als sie all die gesellschaftlichen Erwartungen hinter sich gelassen hatten, die in sie gesetzt wurden. Das Paar hatte sich seine Entscheidung lange Zeit überlegt. Sie wollten unbedingt auf dem Lande leben, aber sie machten sich Sorgen, wie ihre Familien darauf reagieren würden und ob sie ihren künftigen Kindern womöglich ein leichteres Leben vorenthielten. Letztlich, so sagte Allison, hatte Jessie es auf den Punkt gebracht: »Wenn wir das nicht tun, werden wir uns immer fragen, ob wir die richtige Entscheidung getroffen haben. Aber wenn wir es tun, werden wir es so oder so herausfinden.« Und genau das ist der überzeugendste Grund, im Leben ein Risiko einzugehen.

Sie haben von mir bereits zu hören bekommen, dass ein Garten alles verzeiht, und darum ist es gerade im Garten auch besonders einfach, zu lernen, wie man ein Risiko eingeht. Mein Garten enthält eine Menge Risiken, die ich im Laufe der Jahre eingegangen bin, einige sind größer, andere kleiner. Es gab die Minirisiken, wie damals, als ich ganz zu Anfang die üblichen Immergrünhecken ausriss, die zu jedem Vorortgarten gehörten. Die Leute aus der Nachbarschaft standen Schlange, um sie mir abzunehmen, und ich dachte: *Meine Güte … soll ich das wirklich tun?* Es war ein wenig beängstigend, weil ich plötzlich das Etikett »anders« aufgedrückt bekam und weil ich keine Ahnung hatte, was ich anstelle der Hecken in diese riesigen, klaffenden Löcher pflanzen sollte. Eine existierende Realität zu zerstören, bevor die neue Realität Gestalt angenommen hat, kann zutiefst beunruhigend sein, aber gleichzeitig auch sehr anregend.

Dann gibt es die großen Risiken, wie beispielsweise die sechs gewaltigen Robinien, die ich bestellte. Ich hatte diese herrlichen Bäume in England gesehen und mich sofort in ihre gelben und grünen Blätter verliebt. Ich hatte eine Vision, wie sechs dieser Bäume, zu je zwei Dreiergruppen angeordnet, zu beiden Seiten meines Gartenweges angeordnet wären. Das hatte ich noch nie zuvor irgendwo gesehen; die meisten Bäume werden symmetrisch entlang eines Weges angepflanzt. Aber ich wollte diese Bäume, und ich wollte genau diese Anordnung, also beratschlagte ich mich mit einem Kollegen, um sicherzustellen, dass ich sie nicht zu nahe aneinander pflanzte. Dann bestellte ich die Robinien. Glauben Sie mir, es war mir durchaus bewusst, dass es seltsam aussehen könnte. Sobald ich sie eingepflanzt hatte, wuchsen die Bäume und nahmen ein Eigenleben an. Sie sahen einfach prachtvoll aus, und bis zum heutigen Tag sind sie der Dreh- und Angelpunkt meines Gartens.

Jede einzelne Neuanpflanzung kann ein Risiko sein. Sie wenden Zeit, Energie und Geld auf … Alles Dinge von Wert. Und Sie können niemals sicher sein, wie das Ergebnis aussehen wird. Doch für mich besteht der halbe Spaß bereits in der Vorfreude auf das, was sein könnte und wie ich mitwachsen werde.

Ich habe oft miterlebt, wie sich Kunden infolge der Risiken, die sie in ihrem Garten eingegangen sind, auch außerhalb ihres Gartens veränderten. Da war Carolyn, eine tolle Frau

Vita Sackville-West, legendäre Schriftstellerin des Bloomsbury-Kreises* und Schöpferin des berühmten Gartens von Sissinghurst Castle in der Grafschaft Kent/England, sah sich selbst nie als Gärtnerin. Im Gegenteil, sie war ziemlich unsicher, weil sie nie eine gärtnerische Ausbildung erhalten hatte. Doch trotz ihrer Selbstzweifel schufen sie und ihr Ehemann Harold Nicolson einen der berühmtesten und atemberaubendsten Gärten der Welt.
Wann immer mich ein neues Projekt in meinem Garten einschüchtert, rufe ich den Geist von Vita wach – dieser munteren, tollkühnen, häufig dickköpfigen und schwierigen Frau, die es fertigbrachte, ein heruntergekommenes Grundstück in ein prachtvolles Werk zu verwandeln, allein durch ihre Vorstellungskraft, ihre Tollkühnheit und schiere Entschlossenheit.

* Avantgardistisch-intellektuelle Gruppe befreundeter und verwandter Künstler um die Schwestern Virginia Woolf und Vanessa Bell.

Mitte dreißig, die von dem Rausch, in den sie geriet, als sie mit eigenen Händen Blumenkästen anbrachte, so inspiriert war, dass sie beschloss, sich einen Overall überzuziehen und ihr Wohnzimmer leuchtend Rot anzustreichen, wie sie es schon immer gewollt hatte. Vielleicht war es ja nur ein Zufall, aber einige Monate, nachdem meine Kunden Andrew und Robyn den alten, gespaltenen Johannisbrotbaum mitten in ihrem Garten ausgerissen hatten, der schon seit Jahren im Weg war, und dafür den Teich anlegten, den sie sich immer gewünscht hatten, tauschten sie ihren üblichen einwöchigen Urlaub in Florida gegen sieben Tage Wandern in den Regenwäldern Costa Ricas. Kann das wirklich nur ein Zufall sein? Möglich, aber ich bezweifle es. Sobald man einmal ein Risiko eingegangen ist und mit dieser Art von Wachstum experimentiert hat, spürt man das Wunder – und man will einfach mehr!

❧ ZUM AUSPROBIEREN ☙

Denken Sie an ein Risiko, das Sie in Ihrem Garten immer schon einmal eingehen wollten. Sagen Sie jetzt nicht gleich *Nein* dazu; denken Sie einfach nur an die Möglichkeit der Umsetzung. Mehr müssen Sie im Augenblick gar nicht tun.

Wir haben alle unsere Ängste und kennen Dinge, die zu Furcht einflößend, zu teuer oder zu groß erscheinen, um auch nur über sie nachzudenken. Aber wenn Sie bereit sind, sich zu öffnen und die Angst auszuhalten – nicht sie zu besiegen oder sich vor ihr zu verstecken –, dann schaffen Sie neurologisch tatsächlich neue Muster in Ihrem Kopf, pflügen den Weg zu einem *Vielleicht* und dann womöglich sogar zu einem *Ja*. Die Grenzen in Ihrem Gehirn können sich sozusagen ausweiten.

Wenn Sie mental etwas ausprobieren, wird es Teil Ihres Schaltplans. Eine Eisläuferin, die in der Nacht vor dem Wettkampf mental ihre Kür immer wieder durchgeht, vollzieht mehr als nur eine Gedächtnisübung. Sie programmiert die Erfahrung in ihr System ein, macht sie zu einem Teil ihrer Konditionierung. Auf diese Weise wird sie die Bewegungen beherrschen, wenn sie am nächsten Tag aufs Eis geht – nicht nur körperlich, sondern auch von innen heraus.

Beim Entwurf und Bepflanzen Ihres Gartens sollten Sie sich immer für das Kühne und Große anstelle des Kleinen und Sicheren entscheiden. Wenn Sie diesem Konzept folgen, werden Sie zu Ihrem Erstaunen feststellen, wie sich selbst der winzigste Garten zu einem herrlichen Ort prachtvoller Schönheit entwickelt.

Vorbereiten

Kitzle die Erde mit einer Hacke, und sie wird dir eine Ernte lachen.

Mary Cantwell

Jeder Gärtner weiß, wie wichtig es ist, den Boden vorzubereiten. Und natürlich unterstütze ich von ganzem Herzen die vorherrschende Meinung, dass fruchtbare, gesunde Erde die Voraussetzung für einen gesunden, blühenden Garten ist. Das ist eigentlich Grundlagenwissen. Doch für mich gibt es weit wichtigere Gründe, der Vorbereitung des Gartens Zeit und Fürsorge zu schenken, bevor Sie mit dem Einpflanzen beginnen.

Eine bewusste Vorbereitung stellt ein Vertrauensverhältnis zu Ihrer Schöpfung her. Sie sinkt tief in Ihre Poren ein, wenn Sie sie mit Ihren Händen berühren und sie durch Sie atmen lassen. Wie ein Maler, der liebevoll über seine Leinwand streicht und seine Pinsel aufreiht, bevor er zu malen beginnt, geben Sie sich und Ihrer Schöpfung einen energetischen Raum, in dem Sie einfach zusammen *sein* können, wie Liebende, die sich stumm in der gegenseitigen Präsenz austauschen. In diesem Moment fängt der unsichtbare Fluss aus Geben und Nehmen, aus Inspiration und Nährung an.

Wenn Sie sofort in die Phase des *Tuns* eilen, verpassen Sie diese Gelegenheit. Ich habe einmal einen Artikel über eine Romanautorin gelesen, die ganze Notizbücher für jeden ihrer Charaktere anlegt, lange bevor sie auch nur ein einziges Wort ihres Romans niederschreibt. In diesen Notizbüchern hält sie die persönliche Geschichte der Figuren fest und erzählt ihren Lebenslauf, auch wenn deren Hintergrund im Buch selbst vielleicht nie erwähnt wird. Sie fügt auch kleine Schätze hinzu, die ihrer Meinung nach die Charaktere symbolisieren. Für eine bestimmte reizende Figur klebte sie eine kleine Spitzenklöppelei und das Schwarzweißfoto einer älteren Dame ein, das sie in einem Antiquitätenladen gefunden hatte. Wenn sie mit diesen Notizbüchern fertig ist und mit dem Roman beginnt, erzählt sie gewissermaßen nichts weiter als die Geschichte von altvertrauten Freunden.

Wenn wir uns Zeit zur Vorbereitung nehmen, hilft uns das, jegliche Impulsivität hinter uns zu lassen und somit eine reichere Grundlage zu kultivieren. Ich möchte an dieser Stelle den Unterschied zwischen Impulsivität (die nicht immer hilfreich ist) und Spontaneität (die unsere kindliche Vorstellungskraft belebt) hervorheben. Ein Impuls ist eine äußere Kraft, wie eine Windböe, die Sie in eine bestimmte Richtung treibt. Ein Ausbruch von Spontaneität ist ein natürlicher Drang, der aus Ihrem Inneren kommt. Impulsivität ist durchsetzt von einem Gefühl der Dringlichkeit und Unverzüglichkeit und tritt für gewöhnlich flüchtig und rücksichtslos auf. Spontaneität ist natürlicher und fließender, durchdrungen von einem ruhigen und doch machtvollen Gefühl des Handelns. Häufig ist ein spontaner Moment nur ein Impuls, dessen Bedeutung und Folgen durchdacht werden, bevor man ihm nachgibt.

Ich hatte einmal einen Kunden namens Joel, der alles impulsiv erledigte. Er hinterließ mitten in der Nacht Nachrichten auf meinem Anrufbeantworter im Büro mit spontanen und grandiosen Ideen, und wenn ich ihn am nächsten Morgen zurückrief, hatte er die Ideen entweder schon längst verworfen oder er war am frühen Morgen im Garten gewesen und hatte sie bereits umgesetzt. Ich habe mit Joel nicht sehr lange gearbeitet, weil ziemlich schnell klar wurde, dass er meinen Beitrag gar nicht wollte. Er wollte nur das tun, wonach ihm gerade war, und zwar genau in dem Augenblick, in dem ihm danach war, und ich verbrachte einen Großteil meiner Zeit damit, die Löcher aufzufüllen, die er gegraben hatte, und die Pflanzen umzusetzen, die er dort eingepflanzt hatte, wo sie nicht gedeihen konnten. Sein Garten war das reinste Chaos und, um die Wahrheit zu sagen, die Arbeit mit ihm war kräftezehrend.

Das Ritual einer ehrlichen Vorbereitung hat beinahe etwas Heiliges. Zu Beginn jeder Pflanzsaison nehme ich all meine geliebten Werkzeuge heraus und lege sie auf den Tisch, eins neben das andere. Ich staube sie ab, ziehe Schrauben an, die sich gelockert haben, und nehme dabei jedes einzelne Teil zur Hand. Dann gehe ich in den Garten und atme meinen ersten Atemzug frischen, sauberen Naturdufts ein. Ich räume den Abfall weg, der sich im Laufe des Winters angesammelt hat, und halte nach Schäden oder Anzeichen neuen Lebens Ausschau. Ich bereite die Erde dort vor, wo sie es braucht, durchlaufe die Bewegungen, die mir so vertraut sind wie das Atmen, und mache mich liebevoll aufs Neue mit der fruchtbaren, feuchten, dunklen Erde bekannt. Es mag dumm klingen, aber es fühlt sich an, als ob ich nach einem langen Winter der Trennung alte Freunde begrüße. Wir erwachen alle aus unserem Winterschlaf und fangen wieder einmal von neuem an.

Hasten Sie nicht durch diese Vorbereitungsphase. Sie ist voller Gelegenheiten, ein sinnvolles Fundament zu errichten, auf dem eines Tages Magie erwachsen kann.

Wie man gutes Erdreich erkennt

Wenn die Menschen ebenso viel Wert auf die Qualität ihres Bodens legen würden wie auf den Kauf von Insektiziden und Fungiziden, wären unsere Gärten allesamt bedeutend gesünder und schöner! Ein gutes Erdreich fühlt sich krümelig an, wenn man es zwischen den Fingern zerdrückt. Wenn es beim Reiben aneinander klebt, enthält es zu viel Lehm, und Sie müssen Torfmoos und/oder Komposterde hinzufügen.

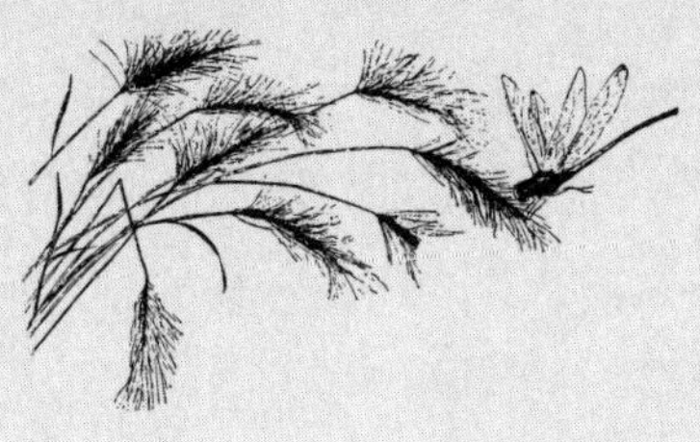

Die sechs absolut notwendigen Gartenwerkzeuge

Blumenkelle: Mit diesem Hilfsmittel kann man Löcher für kleinere Pflanzen ausheben, beispielsweise einjährige oder winterharte Pflanzen, und man kann damit Pflanzen umsetzen.

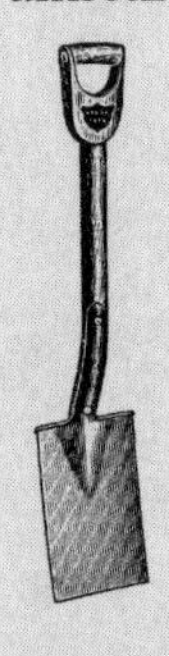

Spaten: Ein Spaten hat für gewöhnlich eine flache, rechteckige Schaufel. Man kann damit viele Aufgaben im Garten erledigen, unter anderem Einfriedungen ausheben, Löcher für Pflanzen, Bäume und Sträucher graben und winterharte Stauden aus dem Boden holen, um sie aufzuteilen.

Gartenschere: Eine handliche Gartenschere ist wohl der beste Freund des Gärtners. Man kann damit abgestorbene Blüten entfernen, Sträucher, Rosen und kleine Äste zurückschneiden und Schnittblumen schneiden. Bevor Sie eine Gartenschere kaufen, prüfen Sie, ob die Schere auch angenehm in der Hand liegt.

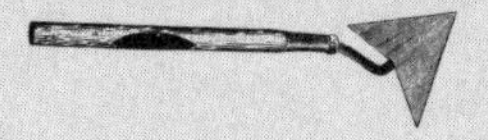

Pflanzenheber: Ein guter Pflanzenheber entfernt die Wurzeln eines Unkrauts rasch und effizient. Mein Favorit hat einen langen, schmalen Holzgriff und eine dreieckige Metallschaufel.

Schubkarre: Eine gute, robuste Schubkarre wird Ihnen die Gartenarbeiten enorm erleichtern, weil Sie damit Pflanzen und Werkzeuge von einer Ecke Ihres Gartens zur anderen befördern können, ohne dabei Ihren Rücken allzu sehr zu belasten. Achten Sie darauf, vor dem Kauf die Größe auszumessen, damit Sie mit der Schubkarre auch auf allen Gartenwegen durchkommen.

Gießkanne: Wenn es um das Gießen von Zwiebeln, Pflanzen, Sträuchern und frisch bepflanzten Blumenkästen geht, reicht nichts an eine elegante Metallkanne heran, aus der das Wasser sanft herausströmt. Sie ist ein Hilfsmittel, dessen Kauf Sie niemals bereuen werden. Wenn es Ihnen wie mir geht, fangen Sie wahrscheinlich mit einer einzigen Kanne an, aber irgendwann stellen Sie fest, dass es eine wahre Wohltat ist, eine Kanne in jedem Pflanzbereich Ihres Gartens zu haben.

Frans Rezept für einen fabelhaften Boden

1. Lockern Sie die Erde existierender Beete. Wenn Sie dafür keine Grabegabel haben, benutzen Sie einen Spaten und graben damit das Erdreich um.
2. Legen Sie etwa dreißig Zentimeter hoch Komposterde aus Dung, Rasenschnitt, Kompost oder Rindenmulch aus und arbeiten Sie diese in das Erdreich ein.
3. Lassen Sie das Ganze mindestens zwei Tage lang ruhen, bevor Sie etwas einpflanzen. Ich tue das häufig im Herbst und lasse die Erde den Winter über ablagern. Im Idealfall fühlt sich die Erde anschließend locker und krümelig in den Händen an.
4. Zu guter Letzt sollten Sie mit Hilfe eines Tests den pH-Wert Ihrer Erde überprüfen (die meisten Pflanzen gedeihen am besten bei einem pH-Wert zwischen 5,5 und 7,5, aber das variiert von Pflanze zu Pflanze).

Sich in Geduld üben

Ich nahm meine Seele in Besitz, und schließlich, auch wenn es lange währte, wurden mir Anzeichen einer Blüte gewahr.

Henry James

Gartenarbeit ist eine unschlagbare Lektion in Sachen Geduld. Wir lernen, dass wir keine andere Wahl haben, als abzuwarten, bis die Pflanzen in der ihnen eigenen Zeit wachsen, gleichgültig wie sehr wir auch versuchen, sie anzutreiben. Die Natur lässt sich nie drängen, um unseren Wünschen entgegenzukommen.

Es ist allerdings für uns moderne Menschen nicht leicht, uns in Geduld zu üben. Wir warten nicht gerne. Wir haben selbst die komplexesten Praktiken zu bissgerechten, leicht verdaulichen Stücken komprimiert und uns eine Welt der sofortigen Meisterschaft gezimmert, in der wir Sprachen in wenigen Tagen und uralte Lehren wie Akupressur-Massage in einem Wochenendworkshop erlernen können. Wir bringen unseren Kindern bei, wie man in wenigen Wochen ein Musikinstrument erlernt, und drängen sie dann auf eine Bühne, wo sie ein Stück aufführen und Applaus dafür bekommen. Bei alldem gibt es keinen inneren Prozess, um die Meisterschaft zu kultivieren. Dennoch ist der stille Prozess – derjenige, der sich im Privaten vollzieht – genau derjenige, der von persönlichem Wert ist und unseren Charakter formt. Zen-Schüler verbringen ihr ganzes Leben damit, die Kunst der Tee-Zeremonie zu perfektionieren, weil die östliche Philosophie begriffen hat, dass es immer noch eine weitere Ebene gibt. Das verstehen auch erfahrene Gärtner.

Wenn meine Kunden Pflanzen in ihrem Garten einsetzen, dann verfällt ein Großteil von ihnen in den *Sofort-erledigen*-Modus. Sie wollen, dass alles rasch in die Erde kommt, damit sie endlich sehen können, wie ihre Vision Wirklichkeit wird. Wenn Sie entschlossen sind, Ihren gesamten Garten innerhalb einer Woche zu bepflanzen, dann werden Sie das wahrscheinlich schaffen, aber ohne die Dichte und die Schichten, die ein guter Garten erfordert. Er wird hübsch, aber nicht schön sein, weil wahre Schönheit Tiefe und Seele haben muss.

Vor ein paar Jahren bepflanzte ich den Garten meiner guten Freundin Helaine. Als ich die ersten Pflanzen in den Boden eingesetzt hatte, war sie enttäuscht, dass es noch nicht richtig fertig aussah. Ich hatte Smokebush, Iris, Schafgarbe und viele winterharte Gräser ausgewählt, um dem Garten eine lockere, natürliche Atmosphäre zu verleihen, aber wie bei allen neuen Pflanzungen sah alles irgendwie klein und spärlich aus. »Wart's nur ab«, sagte ich. »Lehne dich zurück und sieh zu, wie es wächst.«

Manche winterharten Pflanzen brachen schon im ersten Jahr durch, aber es gab viele Schäden durch Nagetiere, und wir mussten einige Stellen neu bepflanzen und die Pflanzen mit Rizinusöl einsprühen (ein natürliches Nagetierabwehrmittel), um künftige Fraßschäden zu vermeiden, was uns auch gelang. Helaine war nicht glücklich, und ich versicherte ihr, dass wir natürlich tun könnten, was sie wollte, aber mein Rat lautete, dem Ganzen etwas Zeit zu lassen. Tja, und im dritten Jahr konnte es Helaine kaum erwarten, mir zu zeigen, wie herrlich der Garten aussah. Der Garten nahm allmählich eine zusammenhängende Form an, war zu sich selbst herangewachsen und zu einem atemberaubenden Ort gereift. Diese Phase ähnelt ein wenig der Pubertät: Sie braucht einfach Zeit!

So viele Menschen wünschen sich *große* Bäume und *große* Pflanzen, damit ihr Garten von einer Sekunde zur nächsten komplett ist, aber das ist einfach nicht die natürliche Ordnung der Dinge. Wenn etwas bereits fertig zu Ihnen kommt, haben Sie keine Chance, jemals ein echtes Band zu knüpfen. Es ist, als ob wir Kinder adoptieren, die schon achtzehn Jahre alt sind: Wir verpassen das gesamte Heranwachsen. Denken Sie daran: Gartenarbeit heißt, eine sinnvolle Beziehung mit Pflanzen eingehen. Der Akt des Gärtnerns unterscheidet sich grundlegend vom simplen Besitz eines Gartens. Ich könnte mit einem Lastwagen vorfahren und alle möglichen großartigen, voll ausgereiften Blattwerke in Ihrem Garten abladen, und es würde wahrscheinlich toll aussehen. Vielleicht würden Sie sich sogar an diesem Garten erfreuen, aber er wäre niemals wirklich ein Teil von Ihnen.

Wenn Sie im Laufe der Jahre beobachten, wie Ihre Pflanzen wachsen, werden Sie bemerken, wie sich die Konturen Ihres Gartens verändern, während er heranreift. Sie entwickeln ein scharfes Auge dafür, was er von Jahr zu Jahr benötigt. Sie fügen Schritt für Schritt Dinge hinzu oder nehmen Veränderungen vor. Machen Sie Spaziergänge: Wandern Sie einfach herum und verlieren Sie sich durch die Beobachtung in Ihrem Garten. Dichte und Konsistenz stellen sich ein, wenn man den Garten zu verschiedenen Tageszeiten sieht und ihm das gibt, was er braucht, um ihm in unterschiedlichsten Verhältnissen von Sonnenlicht, Wetter und Stimmung Leben und Großzügigkeit zu verleihen, ganz zu schweigen von den Jahreszeiten. Ein Garten muss mehrere Zyklen durchlaufen, bevor er offenbart, was er noch alles braucht, und er benötigt einen Gärtner, der bereit ist, ihm eine Chance zu geben, zu sich selbst heranzuwachsen.

Es erfordert stets Zeit, etwas zu erschaffen, das Herz hat. Die Schriftstellerin Donna Tartt, die mit ihrem umwerfenden Erstlingsroman *Die geheime Geschichte* zu plötzlichem Weltruhm kam, brauchte ein volles Jahrzehnt, um ihr zweites Buch zu vollenden. In einer Verlagswelt, die von einem Schriftsteller ein Buch pro Jahr verlangt, damit die Leser und Leserinnen ihn nicht vergessen, war das außergewöhnlich tapfer. Ich las ein Interview mit Donna Tartt, in dem sie erklärte, dass sie nicht wegen einer Schreibblockade so lange gebraucht hatte; sie hatte vielmehr die ganze Zeit an ihrem neuen Buch gearbeitet. Allerdings hatte sie deutlich gespürt, dass sie diese Zeit brauchte, um den notwendigen Glanz der Wahrheit zu Papier zu bringen. Sie war das Manuskript immer wieder durchgegangen, hatte etwas hinzugefügt, etwas anderes geändert, hatte beobachtet und erfühlt, bis sie bereit war, ihr Werk der Welt zu enthüllen.

> Sie können die botanischen Namen aller Pflanzen kennen und den Fachjargon perfekt beherrschen, aber das wahre Erkennungsmerkmal eines echten Gärtners ist Übung, Übung und nochmals Übung. Sie müssen raus und Jahreszeit um Jahreszeit das Erdreich bepflanzen, umgraben, beobachten und verändern. Das macht den Unterschied zwischen einem Neuling und einem lebenslangen Gartenexperten aus.

Es gibt kreative Genies in der Geschichte wie Mozart und Edgar Allan Poe, die ihre Schöpfungen plötzlich und komplett vor sich sahen, aber viele große Geister brauchen Jahre, um immer neue Gedanken, Notizen und Visionen zu erstellen. Die Hallen unserer großen Museen und Bibliotheken sind voller Lebenswerke, die eine kreative Evolution durchlaufen haben und auf Seiten ihrer Schöpfer die Bereitschaft erforderten, diesen langwierigen Prozess durchzuhalten.

Ein Garten, der mit Geduld gepflanzt wurde, kann im Laufe der Jahre zur »Straßenkarte Ihres Lebens« werden. Sie werden sich erinnern, wann Sie dieses oder jenes getan haben. Es sind die Phasen Ihres Lebens in voller Blüte. Die Erinnerungen sind alle da: Sie können sich darin vertiefen wie in ein Fotoalbum mit abgegriffenen Seiten. Wann immer ich meine Steinmauer ansehe, muss ich an die hoch emotionale und heikle Zeit in meinem Leben denken, als meine Ehe endete und ich mich fühlte, als ob ich mein authentisches Selbst buchstäblich Stein für Stein aufschichtete. In der Glyzinienlaube habe ich Fotos meiner Kinder auf dem Weg zu ihrem Abschlussball geschossen, und natürlich habe ich auf der lila Bank in der hinteren Ecke des Haines die ersten Gedanken für dieses Buch aufgeschrieben. In einer vollkommenen Welt werden künftige Generationen hier ihre eigenen Erfahrungen machen und dem Erbe dieses kleinen Stücks Land bis in alle Zeit eigene Erfahrungen hinzufügen.

ZUM AUSPROBIEREN

Sobald Sie mit dem Bepflanzen Ihres Gartens beginnen, sollten Sie mindestens einmal am Tag in den Garten gehen, nur um ihn genau zu betrachten. Halten Sie jede noch so kleine Veränderung, die Sie sehen und fühlen, fest, Tag für Tag. Tauchen Sie in die Details ein – die Farben der Blätter, die Phasen der Blumen zwischen Knospe und voller Blüte, die zarte Rinde eines jungen Baumes, die mit zunehmendem Alter immer rauer und härter wird. Jede Veränderung ist wichtig.

Die Zeit wird Ihnen nicht zu lang vorkommen und das Warten auf Wachstum nicht so nervenzermürbend, wenn Sie für all die kleinen Wunder präsent sind, die sich in diesem Augenblick vollziehen. Eines Tages werden Sie erkennen, dass das letztendliche Ergebnis Ihres Gartens einfach nur die Kulmination aus Tausenden winziger Veränderungen ist. Im Rückblick werden Ihre Notizen Ihnen die reiche Geschichte und Evolution dieses wundervollen Ortes erzählen.

Frans Richtlinien zum Anpflanzen

- Fangen Sie beim Anlegen Ihres Gartens immer mit den großen Einheiten an: mit den soliden Grundlagen wie Lauben und Wege und den großen strukturgebenden Elementen wie Pergola und Bäume.
- Wann immer Sie sich hinsichtlich der Größe beziehungsweise Anzahl der Pflanzen nicht ganz sicher sind, entscheiden Sie sich für die größere und kühnere Ausführung als ursprünglich geplant.
- Bei kleinen Gärten sollten Sie nie weniger als drei Exemplare einer Pflanze einsetzen, bei großen Gärten nie weniger als fünf.
- Setzen Sie bei winterharten Pflanzen stets ungerade Zahlen ein, das schmeichelt dem Auge mehr.
- Pflanzen Sie Büsche immer in Gruppen von drei oder mehr Exemplaren, außer Sie wollen ein architektonisches Statement damit abgeben.
- Setzen Sie größere Pflanzen in den hinteren Teil der Beete ein, kleinere Pflanzen nach vorn.

- Bringen Sie immer erst in Erfahrung, wie hoch ein voll ausgewachsener Baum wird, bevor Sie ihn einpflanzen.
- Pflanzen Sie in geschwungenen, wellenförmigen Linien (nicht in schnurgeraden Reihen, außer bei Gemüse- und Kräutergärten).
- Berücksichtigen Sie die Blattstruktur, die Größe, Form und Farbe, wenn Sie entscheiden, welche Pflanzen Sie wo einsetzen wollen. Am besten setzen Sie verschiedene Arten nebeneinander, dann kommt der Kontrast besser zur Geltung, beispielsweise schmale Blätter neben runde, hängende Pflanzen neben aufrechte, dunkelrote Blätter neben hellgrüne und samtige Blätter neben glänzende, glatte Blätter.
- Denken Sie weit voraus: Versuchen Sie, verschiedene Pflanzen zu wählen, die Ihrem Garten vier blühende Jahreszeiten bescheren. Planen Sie beispielsweise winterharte Pflanzen für das Frühjahr, Rosen für den Sommer, winterharte Gräser für den Herbst, Immergrün und Schneeglöckchen für den Winter.
- Gießen Sie die Pflanzen stets, bevor Sie sie in das Erdreich einsetzen.

FÜNFTE PHASE

Pflege

Sich kümmern

In Antoine de Saint-Exupérys Klassiker *Der kleine Prinz* gibt es einen einsamen Fuchs, der sich danach sehnt, etwas Einzigartiges zu werden. Also überzeugt der Fuchs die Hauptfigur, den kleinen Prinzen, ihn zu zähmen. Als der kleine Prinz, der von solchen Dingen keine Ahnung hat, ihn fragt, was es denn bedeutet, etwas zu zähmen, erwidert der einsame Fuchs: »Es bedeutet, sich ›vertraut machen‹.« Mit der Zeit zähmt der kleine Prinz den Fuchs, und als die beiden neuen Freunde sich trennen müssen, erinnert der Fuchs den Prinzen daran, dass er zeitlebens für das verantwortlich ist, was er sich vertraut gemacht hat. Die Bande bleiben, sind sie erst einmal geknüpft, ewig bestehen.

Mein Garten ist mein kleiner Fuchs. Ich habe dieses kleine Stück Natur »gezähmt«. Ich habe es gegossen und es gedüngt und ihm mein Herz geschenkt, und nun bestehen Bande zu dieser Schöpfung. Ich kümmere mich um diesen Garten und habe verinnerlicht, dass ich jetzt für diese lebende, atmende Wesenheit verantwortlich bin. Mit jeder Blume, die ich beschneide, und mit jedem Unkraut, das ich ausreiße, fühle ich mich mehr und mehr verwurzelt an diesem Ort. Und wie bei dem Fuchs und dem kleinen Prinzen ist es für mich der einzigartigste und kostbarste Garten der ganzen Welt geworden.

In dieser Pflegephase unterscheidet sich das Gärtnern von anderen Kunstformen. Es ist eine sich entwickelnde Kunstform, wie die Kunst der Elternschaft oder der Beziehung zum Lebensgefährten, nicht wie ein Gemälde oder ein Lied. Die Verbindung ist eher dynamisch als statisch. Selbst Claude Monet schätzte seinen lebendigen Garten in Giverny mehr als seine künstlerischen Darstellungen davon. Ein Gemälde kann herrlich sein, aber es wächst und verändert sich nicht. Wasserlilien verändern sich dagegen täglich. Wenn Sie Ihren Garten bewusst pflegen, verbinden Sie sich immer wieder aufs Neue mit Ihrer Schöpfung und sehen sie womöglich auch auf immer neue Weise.

In seinem berühmten Garten in Monticello pflanzte Thomas Jefferson über 250 Arten von Blumen, Bäumen, Gemüsesorten und Kräutern. Er sagte mehrfach, dass die Pflege seines Gartens die größte Freude in seinem Leben und der Quell seines Stolzes sei. (Und das von einem Mann, der die amerikanische Unabhängigkeitserklärung unterzeichnet hat!) Jeden Tag ging er hinaus in seinen Garten und prüfte sorgfältig jedes neue Wachstum, verzeichnete jede Enttäuschung und schrieb gewissenhaft alles auf, woraus später sein berühmtes *Garden Book* wurde. Er war der Erste, der den Ausspruch tätigte: »Wie der Garten wächst, so wächst auch der Gärtner.«

Das Wesentliche an der Pflege ist das Sich-kümmern. Wir können keinen Garten erschaffen und dann einfach weggehen. Er braucht uns, und durch die ständige Präsenz und Pflege erfahren wir unseren Garten in seiner ganzen Dimension. Ich sehe jeden Tag nach, ob die Kapseln der Mohnblumen aufgebrochen sind und die feurigen Blütenblätter freigelegt haben, ob die Magnolie neue Blüten trägt oder ob die lästigen Schnecken wieder an meinen Funkien waren. Ich glaube, es ist das Maß der Präsenz, das die Gartenarbeit auf eine höhere Ebene erhebt. Und es ist die Kontinuität, die das Leben ausmacht. Elternschaft dreht sich nicht nur um gute Noten; es geht um Butterbrote und aufgeschlagene Knie, um das Lachen beim mühsamen Ausziehen nasser Stiefel und um den Versuch, nicht zu explodieren, wenn das Kind beichtet, eine Delle in den Wagen gefahren zu haben – schon wieder. Das sind die Augenblicke, in denen wir real sind.

In dieser Phase werden wir die Arbeit genauer erkunden, wir werden erfahren, was »Flow« bedeutet, und uns diesem Zustand überlassen, wir werden die Dinge überarbeiten und akzeptieren. Ich hoffe, dass Sie eine völlig neue Perspektive gewinnen, wenn Sie diese Elemente in Ihre Gartenarbeit integrieren – nämlich, wie die Pflege Ihres Gartens Sie, den Gärtner, im Gegenzug stärker machen kann.

Was gibt es im Garten nicht alles zu tun!
Kaum hat man die Pflanzen ins Erdreich gebracht,
werden Schnecken und Käfer mit Nachdruck verjagt.
Man trennt die Pflanzen, werden sie zu groß,
und beschneidet sie, oft zur Freude bloß.
Es gibt Unkraut zu zupfen (ein ewiger Kreis),
zu düngen, zu gießen mit großem Fleiß.
Man pflegt die Erde und ist zu ihr nett.
Die Arbeit des Gärtners ist niemals komplett!

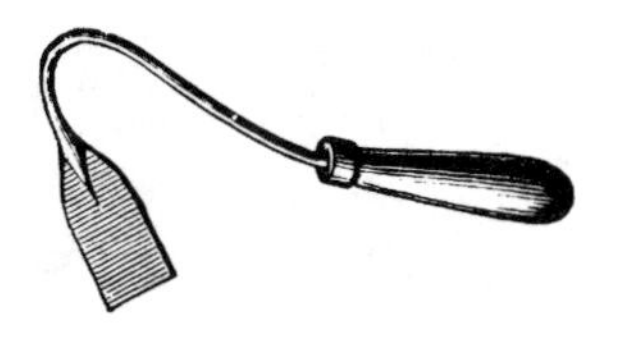

Arbeiten

Beglückend ist das Ansammeln guter Werke.
Buddha

Das Einsetzen der Pflanzen ist der Urknall der Gartenarbeit – die Phase der Betörung, in der alles neu und aufregend ist. Aber wie bei jeder guten Beziehung hängt der Erfolg der Liebe letztendlich davon ab, was passiert, sobald das Feuerwerk verklungen ist und man mit dem Alltag konfrontiert wird. Die Anfänge sind berauschend, daran kann kein Zweifel bestehen – wer liebt nicht dieses köstliche, bezaubernde Gefühl des Verliebtseins? Die wahre Chance für Tiefe und Kraft liegt jedoch im Bereich der täglichen Aufmerksamkeiten.

Es gibt eine Zeit für die Vision, für das Planen und das Handeln, und es gibt eine stillere Zeit für die Pflege. Das besänftigt das kreative Feuer, und es entsteht eine kleine, aber stete Flamme anstelle des gewaltigen Scheiterhaufens, der einen rasch verzehrt und dann verlöscht, sodass nur noch die kalte Asche übrig bleibt und Sie ganz von vorn anfangen und einen neuen Funken entfachen müssen. In *Der Weg des Künstlers* gibt uns Julia Cameron eine brillante Technik an die Hand, um das Feuer am Brennen zu halten. Sie ermutigt die Leser und Leserinnen, »Morgenseiten« zu schreiben, wie sie es nennt. Auf drei Seiten lässt man jeden Morgen ohne Ausnahme den Strom des Bewusstseins gießen. Diese Seiten mögen nicht besonders aufregend sein und vielleicht auch nie zum Einsatz kommen; es kommt nur auf den Akt des Schreibens an, darauf, die Worte fließen zu lassen und den kreativen Mechanismus in Bewegung zu halten.

Im Garten hält die Arbeit Ihre Verbindung zu diesem Prozess aufrecht und weckt Besitzerstolz und ein Gefühl der Intimität. Wie bei einem Eltern-Kind-Verhältnis stimmen Sie sich auf den Rhythmus und die Nuancen Ihres Gartens ein und werden irgendwann einfach wissen, was er braucht. Ich vergesse nie, wie ich in meiner Radioshow den Anruf eines Herrn aus Massachusetts bekam, der ganz aus dem Häuschen war, weil er zum ersten Mal die heimtückischen schwarzen Flecke auf seinen Rosen entdeckt und ohne die Hilfe eines Fachmannes behandelt hatte (mit einer Lösung aus Natriumbikarbonat, Wasser und Spülmittel). Indem er sich ins Freie begab und mehrmals die Woche Kontakt zu seinen Pflanzen hatte, war er einfach auf direkte und sehr persönliche Weise mit ihnen vertraut.

Manchmal kommt einem die Pflege des Gartens wie Arbeit vor. Vieles davon *ist* Arbeit: das Beschneiden, Gießen, Düngen und das Unkrautjäten. Man kann nicht leugnen, dass diese Pflichten an manchen Tagen ein wenig lästig werden. Glauben Sie mir, es gibt viele Momente in der Gluthitze des Sommers, in denen ich lieber irgendwo an einem Pool liegen würde. Aber für mich ist der Garten wie mein Baby, und ich bin verantwortlich dafür, jeden Tag zu ihm zu gehen und mich um ihn zu kümmern. Es gibt kein Elternteil in der Welt, der nicht ehrlich zugeben muss, dass er an manch einem Morgen lieber im Bett bleiben würde, als um sieben Uhr aufzustehen und Frühstück zu machen, aber man tut es trotzdem. Meistens schenken uns die Kinder aber auch die größte Freude und das intensive Gefühl, im Leben etwas geleistet zu haben; uns wird klar, dass es bei alldem im Grunde nur darum geht, für diesen Prozess präsent zu sein. Und genauso ist es bei meinem Garten.

Nichts steigert das Selbstwertgefühl mehr als körperliche Arbeit. Mein Freund Jeffrey arbeitete mit Anfang zwanzig als Teilzeit-Schreiner. Es war eine Zeit in seinem Leben, in der er sich in Bezug auf sich und seine Zukunft unsicher fühlte, aber er schwört bis zum heutigen Tag, dass es die eindrücklichste Erfahrung seines Lebens war. Jeff liebte jede Sekunde – ob er nun das Holz vom Truck hob, die Bretter anordnete oder die Nägel mit seinem Hammer eintrieb. »Zum ersten Mal in meinem Leben sah ich das Ergebnis meiner Arbeit direkt vor mir«, erinnert er sich. »Indem ich meinen Körper bewegte, konnte ich Dinge geschehen lassen, und die Kunden waren glücklich über das, was ich tat. Es klingt dürftig, aber ich glaube, damals habe ich zum ersten Mal gespürt, dass ich über mein eigenes Leben Kontrolle ausüben konnte.«

Mit Ausnahme jener wenigen sengenden Tage, die ich oben erwähnt habe, arbeite ich wirklich gern in meinem Garten. Ich liebe es, jeden Morgen mit einer Tasse Kaffee in der Hand durch meinen Garten zu schlendern, zu schauen, was neu zum Leben erwacht ist, und mental eine Liste zu erstellen, was an diesem Tag alles getan werden muss. Ich genieße es, die

In England hält man den Löwenzahn für einen Vorboten der Liebe. Wenn Sie sich das nächste Mal über dieses »Unkraut« ärgern, denken Sie daran, dass es womöglich von schönen Dingen kündet, die auf Sie zukommen.

fruchtbare, feuchte Erde umzugraben und die ganz erstaunliche Welt zu sehen, die darunter liegt, oder mich hoch auf meiner Leiter zu recken, um die Kletterrosen am Dach der Laube zu befestigen. Am meisten liebe ich es, wie mich die Arbeit im Garten zu meiner eigenen Natürlichkeit führt. Ich ziehe mich gern von Kopf bis Fuß schick an, wenn ich ausgehe, aber um der Wahrheit die Ehre zu geben, fühle ich mich sinnlicher und attraktiver, wenn ich gerade aus dem Garten komme – schmutzig und verschwitzt, ohne eine Spur von Make-up und mit Locken, die wirr unter meinem großen Strohhut hervorlugen. Ich fühle mich dann am meisten wie ich selbst, wenn ich völlig in meiner Arbeit aufgehe und mit dem spiele, was ich liebe.

Wie fühlen Sie sich bei echter Arbeit?

ZUM AUSPROBIEREN

Verfolgen Sie in Ihrem Naturtagebuch, was Sie jeden Tag im Garten tun. Schreiben Sie alle Tätigkeiten auf, die Sie durchführen, gleichgültig, wie groß oder klein sie sind. Dadurch bekommen Sie nicht nur einen praktischen Überblick, was Sie getan haben, und wann Sie es zuletzt getan haben. Das Aufschreiben vermittelt Ihnen auch ein greifbares Gefühl der Leistung. Gartenarbeit gehört zu den Aufgaben, bei denen man die Früchte seiner Mühen direkt sehen kann. Die Ergebnisse auf Papier gebannt zu sehen, verleiht Ihnen ein Gefühl für die ganze Bandbreite und die Auswirkungen Ihrer Arbeit.

Was der gesunde Menschenverstand bei der Gartenarbeit rät

- Reiben Sie sich großzügig mit Sonnenschutzmittel ein und tragen Sie einen Hut, wenn Sie im Freien arbeiten, auch wenn es nur für kurze Zeit ist.
- Stellen Sie eine Karaffe mit kaltem Wasser bereit. Nehmen Sie an heißen Sommertagen regelmäßig Flüssigkeit zu sich.
- Kühlen Sie sich ab und zu mit einem kalten, feuchten Handtuch Gesicht und Nacken.
- Gehen Sie immer in die Knie, wenn Sie Kübel oder andere schwere Gegenstände anheben – das schont Ihren Rücken. Das Unkrautjäten und Einpflanzen sollten Sie ebenfalls am besten im Knien erledigen.
- Tragen Sie lange Hosen und Socken, um sich vor Zecken zu schützen. Wenn Sie ins Haus zurückkehren, suchen Sie Ihren Körper nach Zecken ab. Falls Sie welche finden, tauchen Sie einen Wattebausch in Franzbranntwein, tupfen Sie damit die betroffene Stelle ab und entfernen Sie anschließend die Zecke mit einer Pinzette.
- Machen Sie sich mit Giftpflanzen vertraut, damit Sie ihnen aus dem Weg gehen oder gut geschützt in ihrer Nähe arbeiten können.

Die Pflege von Rosen

»Eine Rose ist eine Rose ist eine Rose«, sagte Gertrude Stein, aber dennoch braucht eine Rose gute Pflege, um auch eine gesunde Rose zu sein. Rosen gehören zu den pflegeleichtesten Pflanzen, wenn Sie sich an die folgenden Tipps halten:

- Pflanzen Sie die Rosenbüsche an sonnige Stellen (außer es wird ausdrücklich darauf hingewiesen, dass die Rosen auch Halbschatten vertragen). Es sollte ein offener Standort mit guter Luftzufuhr sein.
- Pflanzen Sie die Rosen in fruchtbare Erde mit guter Drainage und viel Mulch. Obwohl zahlreiche Fachleute der Ansicht sind, dass man Rosen bis zu viermal pro Saison düngen kann und sollte, bin ich schon froh, wenn ich zweimal dazu komme, einmal zu Frühlingsbeginn und dann nach der ersten Blüte Ende Mai – und meinen Rosen geht es blendend.
- Gießen Sie die Rosen nach Bedarf. Wenn die oberste Erdschicht trocken ist, wird es Zeit zu gießen. Wässern Sie die Rosen nicht mit einem Sprinkler, sondern immer nur an den Wurzeln und mit schwachem Strahl (legen Sie den Schlauch an

die Wurzel und drehen Sie den Hahn nur ganz leicht auf – das Wasser sollte nur leicht aus dem Schlauch rinnen).

- Überprüfen Sie die Rosen mindestens dreimal die Woche auf Pilze oder Insekten. Zu Beginn der Saison besprühe ich sie zur Vorbeugung mit Insektenspray. Wenn Sie die für Rosenrost typischen dunklen Flecke entdecken, empfehle ich mein Hausmittel: Mischen Sie einen Teelöffel Natriumbikarbonat mit einem Viertel Teelöffel Spülmittel und einem guten Liter Wasser. Wenden Sie diese Lösung sieben bis zehn Tage lang an.
- Bei Ihren Rosen sollten Sie auf eine gute Gartenhygiene achten. Entfernen Sie tote Blätter und allzu dicht bewachsene oder auch allzu dünne Stiele, um die Luftzirkulation zu verbessern, und sammeln Sie das Laub vom Boden um die Rosen herum auf, damit sich keine Pilze ansiedeln.

Flow erleben

Verschwende den Nachmittag.
Du kannst ihn nicht mitnehmen.
Annie Dillard

An jedem neuen Tag bin ich in meinem Garten und arbeite – jäte Unkraut, grabe Pflanzen aus, um sie umzusetzen, schneide tote Blüten ab und so weiter –, und über kurz oder lang gerate ich in jenen Zustand, in dem nichts anderes wichtig ist. Die Dämmerung kann hereinbrechen, aber davon lasse ich mich nicht bremsen. *Nur noch eine Schubkarre voll … Nur noch ein bisschen Unkraut jäten … Ach, sieh mal, diese Tomaten wollte ich doch hochbinden, bevor sie noch größer werden …* Wenn die Sonne nicht irgendwann unterginge, ich glaube, ich würde nie aufhören.

Was ist das für ein Segen, den wir erleben dürfen, wenn wir völlig im kreativen Prozess aufgehen? Dieses Gefühl nennt man *Flow*. Dabei lassen wir unsere *persona* fallen und geraten in einen veränderten Bewusstseinszustand. Möglicherweise treiben Sie Sport und kennen diesen Moment, in dem Ihr Geist, Ihre Muskeln und Ihr Wille plötzlich eins werden. Oder Sie erleben bei Ihrer Arbeit Augenblicke, in denen Sie das Gefühl haben, »im Fluss zu sein« und so sehr in einem Projekt aufzugehen, dass Sie sogar vergessen, etwas zu essen. Sie sind sich durchaus bewusst, was um Sie herum vor sich geht (Ihr Bewusstsein ist sogar geschärft), aber Sie befinden sich an jenem Ort, an dem Ihr Herz und Ihre Seele lebendig werden. In solchen Momenten vergessen wir unser bewusstes Selbst und erleben tatsächlich unser authentisches Selbst. Manche Menschen sprechen von einem High, ich nenne es Verzückung.

Flow ist ein psychologischer Zustand, bei dem ein Augenblick kunstvoll in den nächsten übergeht, bei dem sich alle Pforten des Bewusstseins gleichzeitig in uns öffnen und wir mühelos von der Frage zur Antwort gelangen, vom Instinkt zur Tat, von der Möglichkeit zur Wirklichkeit. Dieses Gefühl des Flow ist der höchste aller Hochzustände – das verlockendste Versprechen jedes kreativen Vorgangs. Dieser unglaubliche, nicht zu leugnende Geschmack der Begeisterung macht die Planung und das Tun erst so richtig lohnend. Es klingt paradiesisch, ist aber überaus real, und wenn Sie mit der Absicht an die Arbeit gehen, das Gefühl des Flow zu erwecken, dann ist das auch möglich.

Eine Frau aus meinem Viertel ist Lyrikerin. Ich fragte sie einmal nach ihrer Arbeitsweise, und sie erzählte mir, dass sie sich, wenn sie völlig im Schreiben aufgeht, beinahe wie eine himmlische Magierin fühlt. Worte und Bilder wirbeln vor ihr auf und die einzelnen Teile ihrer Imagination passen plötzlich zusammen wie das Muster einer Quiltdecke. Da sie zwei Kinder im schulpflichtigen Alter hat, muss sie normalerweise nachmittags aufhören, um ihre Kinder und deren Freunde von der Schule abzuholen, und sie verspürt jedes Mal eine tiefe Trauer, wenn sie diesen Zustand aufgeben und in die Welt der Fahrgemeinschaften eintreten muss.

Das Gefühl des Flow ist das am besten gehütete Geheimnis der Gartenarbeit. Wir Gärtner brauchen keinen Alkohol und keine Drogen – wir brauchen nichts weiter als einen störungsfreien Nachmittag in unserem Garten, um uns beschwingt und berauscht zu fühlen. Mir wurde schon oft vorgehalten, ich würde ja dauernd arbeiten, aber die Leute verstehen einfach nicht, dass diese Arbeit für mich ein Spiel ist. Wo sonst sollte ich sein, wenn nicht in meinem Garten, wo ich diese herrliche Sinfonie aus Farbe, Harmonie und Leben dirigieren kann?

Wie kommen Sie an diese unwiderstehliche Droge? Indem Sie kontinuierlich Kontakt zu Ihrem Garten halten und sooft wie möglich zu ihm gehen, um Ihre Schöpfung aufmerksam zu betrachten und auf ihre Bedürfnisse einzugehen. Sie können Flow in Ihrem Garten erleben, wenn Sie ganz und gar präsent sind und völlig in den Akt der Pflege eintauchen. Sie können Flow nicht bewusst herbeizwingen; geben Sie sich ihm einfach hin. Sie müssen nichts weiter tun, als offen und präsent zu bleiben, dann wird der Zustand des Flow eintreten.

Lassen Sie uns einmal annehmen, auf Ihrer Aktionsliste für den heutigen Tag stünde, den Salbei und die Schneeballbüsche zu beschneiden, Unkraut im Gemüsegarten zu jäten, einen kleinen Terrakottatopf in Burgunderrot zu streichen und überall zu gießen. Sie können einfach Ihre Gartenschere zur Hand nehmen und losschneiden und dabei an die Einkaufsliste für das Abendessen denken oder über die Worte Ihres Chefs grübeln, während Sie die Schneeballbüsche beschneiden, rasch etwas Farbe auf den Topf klecksen, damit

Sie es rasch hinter sich haben, um dann lustlos das Unkraut zu jäten und die Pflanzen zu gießen, was Sie normalerweise ziemlich langweilig finden. Da gibt es keinen Flow, so viel steht fest.

Oder Sie können beschließen, langsam und respektvoll vorzugehen, in die tiefblauen Blüten des Salbei zu schauen und angesichts der Lebendigkeit seiner zarten Blütenblätter ins Staunen zu geraten. Sie können sich niederknien, um den Stamm Ihres Schneeballbusches daraufhin zu überprüfen, ob das Holz möglicherweise ausgedünnt werden muss, und dann etwas Zeit damit verbringen, den ganzen Busch an den Stellen zu beschneiden, wo er hoch aufgeschossen oder wild wurde, und sich dabei überlegen, wie Sie ihn formen können, damit er einen schönen Anblick bietet. Anstatt das Unkraut in Ihrem Gemüsegarten eilig auszureißen, können Sie nebenher ein paar reife Tomaten pflücken und deren salzige Süße genießen. Streichen Sie Ihren kleinen Topf sorgfältig und bewusst an. Anstatt das Wasser einfach nur aus dem Schlauch zu spritzen, tragen Sie eine Gießkanne zu den einzelnen Pflanzen und richten Sie den Wasserstrahl auf die Wurzeln. Beobachten Sie, wie sich die Erde von trocken und klumpig zu dunkel und feucht verändert. Das Eintauchen in diese Details entwickelt sich zu einer Meditation, und bald schon haben Sie das Abendessen und Ihren Chef und alles andere, was Sie beschäftigte, vergessen. Es gibt nur noch Ihren Garten und Sie – wirklich nur Sie. Das wahre Ich. Und so, meine Freunde, tauchen wir in den Zustand des Flow ein.

Präsent zu sein erlaubt Ihnen, Dinge zu entdecken, die Sie

noch nie zuvor bemerkt haben, sowie neue Eindrücke und Inspirationen zu bekommen. An einem warmen Septembernachmittag kniete ich in meinem Vorgarten, um etwas Unkraut auszureißen. Zufällig sah ich in einem bestimmten Winkel hoch und entdeckte die letzten Überbleibsel meines dunkelrosa Phlox, der sich neben strohblondem Gras und weißen Rosen befand, die erneut erblüht waren und sich über meine Laube ergossen – alles vor dem leuchtend azurblauen Herbsthimmel. Plötzlich hatte ich eine Inspiration. Ich half gerade einer neuen Kundin bei der Gestaltung ihres Gartens, und das war eine echte Herausforderung, denn ihr Haus war in einem kräftigen Blau gestrichen, und wir suchten nun Farben, die gut dazu passten. Und hier waren sie! Daraufhin entwarfen wir einen Garten mit dunkelrosa Phlox, weißen Rosen und hellen Gräsern, und es stellte sich heraus, dass diese Kombination ganz hervorragend zur Farbe des Hauses passte. Wäre ich zu beschäftigt gewesen, ich hätte diese Momentaufnahme nicht wahrgenommen.

Manchmal wissen Sie vielleicht nicht gleich, dass Sie eine Inspiration für einen späteren Zeitpunkt erhalten haben, aber alle Bilder sinken in Ihr Unterbewusstsein ein, ob Sie sie sofort aktiv nutzen oder nicht. Teile von Gärten, die ich in aller Welt besucht habe, konnte ich später in meinen Garten oder in die Gärten, die ich für andere entworfen habe, einarbeiten, obwohl ich Ihnen nicht sagen könnte, welche Idee ich wo aufgeschnappt habe. Es ist einfach alles da, harrt in den »Nischen« meines Geistes und wartet auf den richtigen Moment, um sich zu zeigen. Wie ein Komödiant, der auf der Bühne auf die Erfahrungen seines Lebens zurückgreift und vieles davon eines Tages zum Einsatz bringt.

Zu guter Letzt werden Sie als Gärtner besser, wenn Sie sich aktiv mit Ihrem Garten beschäftigen. Ihr Garten ist Ihre Privatuniversität. Sie können Botanik, Geologie, Landwirtschaft und Architekturprinzipien studieren, aber in Ihrem Garten lernen Sie all das ganz praktisch, wenn Sie einfach nur aufmerksam sind!

ZUM AUSPROBIEREN

Versuchen Sie, sich eine Zeit in Ihrem Leben ins Gedächtnis zu rufen, in der Sie einen veränderten Bewusstseinszustand erlebt haben. Wenn ich meinen Kunden diese Frage stelle, bekomme ich die unterschiedlichsten Antworten zu hören: beim Skifahren, beim Musikhören, beim Verzieren eines Kuchens – eine Frau meinte sogar, sie wird eins mit dem Rhythmus, wenn sie ihre Böden schrubbt. Wenn Sie diese Erinnerung neu aufleben lassen, zapfen Sie das Gefühl an und öffnen sich neurologisch, sodass Sie diese Erfahrung leichter erkennen oder Zugang zu ihr haben, wenn Sie sie im Garten erleben.

Überarbeiten

Ein echter Gärtner muss brutal sein – und er muss sich die Zukunft vorstellen können.

Vita Sackville-West

Als meine Kundin Marianne mit mir zusammen ihren Garten gestaltete, fiel mir auf, dass sie ein wenig ängstlich war. Sie fragte sich laut, ob ihr die Begonien eher an der Seite als in der Mitte gefielen oder ob sie einen Fehler machte, wenn sie statt Zinnien Dahlien pflanzte. Um ihre Sorgen zu zerstreuen, erinnerte ich sie an eine meiner gärtnerischen Lieblingsbinsenweisheiten: *Das Einpflanzen ist nichts Endgültiges!*

Ich verwende nicht gern das Wort *Fehler*, wenn ich über Gärten spreche, weil nichts, was wir tun, wirklich ein Fehler ist. Ich glaube, dass alles, was wir versuchen, einen Wert hat, besonders die Dinge, die nicht so funktionieren, wie wir uns das erhofft haben. Vor vielen Jahren, ganz zu Anfang meiner Laufbahn, wusste ich nicht sehr viel über Pflanzen, darum setzte ich sie einfach dort ein, wo sie meiner Meinung nach nett aussahen. Unglücklicherweise bekam eine gewisse Stelle nur am Morgen etwas Sonne ab, darum konnten die Rosen dort niemals richtig gedeihen. Rückblickend weiß ich, dass auch die Gestaltung falsch war, weil das Beet keine Verbindung zum Rest des Gartens hatte: Die Rosen standen einfach mitten in einem Stück Rasen. Ich habe Fotos von dem Garten und glauben Sie mir, er sah ziemlich schrecklich aus. Nach zwei Jahren grub ich alles aus und setzte die Rosen in den hinteren Teil des Gartens um, wo sie reichlich Sonne bekamen. Durch diesen »Fehler« lernte ich viel von dem, was ich heute über Rosengärten weiß. Ich hätte all das natürlich in einem Buch nachlesen können, aber mein Wissen ist sehr viel facettenreicher, weil ich es selbst erlebt habe.

Wenn Sie als Gärtner wachsen und lernen wollen, müssen Sie davon ausgehen, dass Ihr Garten, wie Sie ihn gepflanzt haben, ein Übungsparcours ist, besonders wenn Sie noch Neuling sind. Sofort von Vollkommenheit auszugehen, wäre, als ob Sie sofort einen Homerun erwarten, wenn Sie das erste Mal einen Baseballschläger in die Hand nehmen – so funktioniert es einfach nicht. Sie müssen Ihren Garten ständig überarbeiten und Ihr Auge unaufhörlich schulen, damit Sie sehen können, was funktioniert und was nicht, was Ihr Garten braucht und womit Sie als Nächstes experimentieren wollen. Der Zyklus aus Vorstellung, Vision, Planung und Anpflanzen beginnt in jeder Saison von neuem.

Wenn Sie mit Ihrem Garten spielen, ihn korrigieren, an ihm herumbasteln und neue Ideen ausprobieren, dann machen Sie sich eines der Schlüsselelemente der Kreativität zu eigen: Flexibilität. Laut Philip Jackson und Samuel Messick, den beiden Psychologen, die die bekanntesten Modelle der Kreativität erstellt haben, gestattet uns die Flexibilität, offen zu sein und neue Situationen mit Abenteuerlust anstatt mit

Angst zu begrüßen. Wenn Sie offen sind, können Sie neue Informationen aufnehmen und empfinden Probleme als Herausforderung, nicht als Bedrohung – Sie gehen das Leben nicht rigide, sondern kreativ an. Hier sehen Sie also wieder einmal, wie die Gartenarbeit Sie als Mensch bereichern kann, mental und emotional!

Ich schreibe eine Gartenkolumne für eine beliebte Frauen-Website, und die Leserinnen können sich schriftlich mit Fragen an mich wenden. Einmal erhielt ich einen Brief von einer Frau in der Nähe von Atlanta, die in ihrem Garten ein großes Beet ausschließlich mit weißen Blumen angelegt hatte. Der Garten, den sie vor ihrem inneren Auge sah, war atemberaubend, aber was da in der Realität Gestalt annahm, war nichtssagend. Sie hatte geglaubt, es würde unschuldig und rein wirken, aber stattdessen fand sie es nur langweilig. Daraufhin probierte sie ein paar Dinge aus, einschließlich anderer weißer Blumen und strukturierterer Blattformen, passte auch die Wuchshöhe der unterschiedlichen Pflanzen aneinander an, aber nichts entwickelte sich so, dass es zu dem Bild in ihrem Kopf passte. Nach drei Jahren des Ausprobierens wusste sie nicht mehr, was sie noch tun sollte. Einerseits hatte sie viel Zeit und Geld in diesen Garten investiert und sie wollte ihre Fantasie nicht einfach aufgeben. Andererseits machte ihr dieser Garten keine Freude.

Ich schrieb ihr, ja, vielleicht hatte sie sich einen prachtvollen weißen Garten vorgestellt, aber wenn er in Wirklichkeit nur eine Enttäuschung für sie war, warum noch daran festhalten? Es war an der Zeit, ihre Pläne zu überarbeiten und ei-

> Sie sollten ständig Mulch und Kompost auf Ihre Gartenbeete geben. Es gibt keine ungeeignete Jahreszeit dafür; tun Sie es, wann immer Sie die Zeit haben, damit Ihre Pflanzen gesund bleiben und gedeihen.

nige kühne Veränderungen durchzuführen, die ihr einen Garten schenken würden, der ihre Augen und ihre Seele erfreute – und nicht nur ihre Fantasie. Vielleicht musste sie als Kontrast eine weitere Farbe hinzufügen oder auch alles ausgraben und noch einmal von vorne anfangen. Wie auch immer, es war eindeutig eine radikale Überarbeitung notwendig.

Bei einer Überarbeitung geht es nicht unbedingt nur um Korrektur, es geht auch darum, Ihrem Garten jedes Jahr etwas Neues hinzuzufügen. Ihre Instinkte ändern sich mit der Zeit, und mit jeder neuen Saison kann und sollte Ihr Garten Ihren kreativen Prozess *zu diesem Zeitpunkt* widerspiegeln. Ein reifer Garten besteht aus vielen kreativen Mini-Prozessen, die sichtbar gemacht wurden. Sollten Sie in diesem Jahr das Beet mit Schwertlilien einfrieden? Oder vielleicht die alte, müde Weide ausgraben und sie durch eine Hortensie ersetzen? Ich sage: Tun Sie es! Warum denn nicht? Woran klammern Sie sich fest?

Der Schlüssel für eine gute Überarbeitung ist die ständige Bezugnahme auf Ihr Fundament – Ihre Bedürfnisse, Ihre Vision, Ihren Stil und die Möglichkeiten Ihres Grundstückes – und das permanente Überprüfen, was passt und was nicht.

Wenn Sie beispielsweise einen tropischen Garten mit Bananenstauden, Palmen, Hibiskus und Passionsblumen angelegt haben und jetzt eine Sitzgruppe hinzufügen wollen, dann gehen Sie noch einmal genau denselben Prozess wie zuvor durch. Sammeln Sie Informationen und erforschen Sie, was Ihnen gefallen könnte, leben Sie eine Weile mit dem Nichtwissen, vertrauen Sie Ihrem Instinkt, begrüßen Sie das, was Ihr Grundstück bereits aufweist, bitten Sie andere um ihre Meinung, wenn Ihnen danach ist, und dann stellen Sie sich die beiden entscheidenden Fragen, um eine authentische Entscheidung fällen zu können: *Passt es zu meiner Vision?* und *Ist es vernünftig?* Vielleicht eignen sich die zitronengelben Liegestühle, die Sie ausgesucht haben, ganz wunderbar, aber vielleicht passen sie bei näherer Betrachtung doch nicht hundertprozentig. Eines Tages werden Sie womöglich beschließen, dass Sie etwas völlig anderes wollen, beispielsweise eine Hängematte zwischen zwei Bäumen, und dann werden Sie Ihre Wahl erneut überarbeiten.

Sie können Ihre kreative Quelle nicht einfach anzapfen und dann erwarten, dass sie von da an ewig sprudelt. Kreativ sein ist ein lebenslanger Prozess – eine ständige Hingabe, offen zu sein für Möglichkeiten, dem eigenen Instinkt zu vertrauen, zu experimentieren, Risiken einzugehen und Entscheidungen zu überarbeiten. Wenn Sie immer wieder praktizieren, was Sie in diesem Buch gelernt haben, dann stellen Sie damit sicher, dass Ihre kreativen Wurzeln gut genährt bleiben.

Wenn Sie zu Frühlingsende oder Sommerbeginn nicht wissen, was Sie einpflanzen sollen, suchen Sie sich eine große, sonnige Stelle am Rand Ihres Gartens aus und pflanzen Sie Sonnenblumen. Sonnenblumen erstaunen mich immer wieder. Es gibt sie in großer Vielzahl in allen möglichen Größen, Farben und Wuchshöhen. Sie müssen sich nur streng an die Anweisungen auf dem Pflanzzettel halten und diese schmächtigen, kleinen Samen ihre Magie entfalten lassen.

Tipps für Topf- und Kübelpflanzen

- Wenn Sie keinen neuen Kübel benutzen, waschen Sie den alten mit warmer Seifenlauge aus, in die Sie einen Spritzer Bleiche geben.
- Achten Sie darauf, dass der Kübel Abflusslöcher hat und auf einem Untersatz (mit Rand) steht, damit überschüssiges Wasser aufgefangen wird.
- Legen Sie die Abflusslöcher entweder mit Tonscherben (Blähton) oder einem Stück Fliegengitter aus. Wenn Sie die Löcher auf diese Weise abdecken, schießt das Wasser nicht einfach unten heraus. Verstopfen Sie die Löcher jedoch nie vollständig.
- Füllen Sie den Kübel zu zwei Dritteln mit Substrat (speziell für Zimmerpflanzen) oder einer hochwertigen Pflanzenerde. Es gibt viele gute Marken; wählen Sie eine aus, der bereits Dünger zugesetzt ist.
- Fügen Sie der Pflanzenerde wasserspeichernde Gelkristalle hinzu (die Menge hängt von der Größe des Kübels ab; der Hersteller liefert dazu genaue Angaben auf der Verpackung).
- Entfernen Sie die Pflanze aus ihrem derzeitigen Kübel. Für gewöhnlich kippe ich den Kübel auf die Seite und ziehe die Pflanze mitsamt den Wurzeln langsam heraus (vor allem, wenn der Kübel

aus Plastik ist). Ungeachtet Ihrer Methode sollten Sie darauf achten, dass Sie die Pflanze nicht einfach heftig am Stiel herausreißen. Denken Sie immer daran, dass die Wurzeln der Pflanze nicht verletzt werden dürfen.

- Entfernen Sie alle toten Blätter.
- Setzen Sie die Pflanze in derselben Höhe ein wie in ihrem vorherigen Kübel und achten Sie darauf, dass Sie genügend Erde hat.
- Lassen Sie zwischen der Pflanzenerde und dem Rand des Kübels etwas Raum, damit Sie die Pflanze gießen können, ohne dass Wasser überläuft.
- Gießen Sie die frisch eingetopfte Pflanze.

Natürliche Ungezieferkontrolle

Sie brauchen keine chemischen Gifte, um Ungeziefer aus Ihrem Garten fernzuhalten. Häufig sind die natürlichen Mittel die besten. Hier meine Favoriten:

- Wenn Sie Schnecken fangen wollen, nehmen Sie einen Jogurtbecher, kürzen ihn auf eine Höhe von fünf Zentimetern und füllen ihn mit Bier. Stellen Sie den Becher neben die Pflanzen, die Schnecken anziehen – sie werden hineinkriechen, um sich einen Schluck zu gönnen.
- Um Schadinsekten wie Schildläuse und verschiedene Raupenarten abzuschrecken, brauchen Sie das Öl des Niembaumes. Es hält das Ungeziefer fern, ohne hilfreiche Insekten wie Blattläuse und Weiße Fliegen zu schädigen.

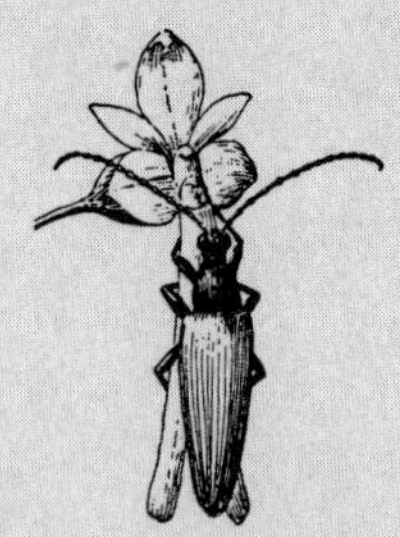

- Maulwürfe (meine persönliche Nemesis!) können Sie vertreiben, indem Sie klappernde Windräder, flirrende Bänder und/oder Maulwurf- und Rattenabwehrmittel (aus Rhizinusöl) kaufen. Maulwürfe werden auf der Suche nach Maden und Regenwürmern von bestimmten Stellen angezogen, wenn Sie also Maulwürfe haben, dann überprüfen Sie, ob es einen Madenbefall in Ihrem Rasen gibt.

- Wenn bei Ihnen Katzen Schäden anrichten, legen Sie groben Mulch oder große Steine aus, um sie fernzuhalten. Ich lege vorzugsweise ein feinmaschiges Drahtgeflecht aus, das ich mit Mulch bedecke – das scheint ein wirkungsvolles Mittel zu sein, die Katzen von meinen Beeten fernzuhalten. Katzen hassen außerdem den Geruch von Anisöl, also versprühen Sie es großzügig.
- Um Rotwild fernzuhalten, schneiden Sie ein Stück *Irish Spring*-Seife in kleine Stücke und geben Sie sie in eine alte Nylonstrumpfhose (schneiden Sie die Strümpfe ungefähr 25 Zentimeter über den Zehen ab und verwenden Sie nur den unteren Teil). Hängen Sie die Strümpfe in Hüfthöhe alle sechs bis acht Meter an die Büsche und Bäume, die vom Rotwild angeknabbert werden. Sie können auch zu flüssigen Abwehrmitteln aus dem Handel, elektrischer Rotwildabwehr oder Knoblauchzehen greifen. Außerdem vertreiben bestimmte Pflanzen wie Zitronenthymian, Grüne Minze, Eselsohr und Rosmarin das Rotwild.
- Wenn Ameisen Ihr Problem sind, dann tränken Sie Wattebäusche mit Pfefferminzöl und legen Sie sie an den betroffenen Stellen aus – ein altmodisches, aber wirksames Hilfsmittel.

Akzeptieren

Wo immer ein Mensch überwältigend gärtnert,
da gibt es auch überwältigenden Kummer.

Henry Mitchell

Ein Garten kann Ihr Leben bereichern, doch andererseits kann Ihnen ein Garten auch großen Kummer bereiten. Es gibt auf Erden keinen Gärtner, der nicht schon zu seinem Leidwesen von frühem Frost mit verheerenden Folgen heimgesucht wurde, mit Entsetzen zusehen musste, wie eine geliebte Pflanze durch winziges Ungeziefer zum Untergang verurteilt wurde, oder zutiefst enttäuscht war, weil ein Baum aus keinem ersichtlichen Grund plötzlich verkümmerte und starb. Das Akzeptieren macht einen großen Teil des Spiels aus, denn letztendlich haben wir keine Kontrolle.

So gern wir auch glauben, wir hätten die Kontrolle über alles, wir haben sie nicht. Es gibt da draußen eine Kraft, die größer ist als wir. Natur, Gott, nennen Sie es, wie Sie wollen, aber sie ist da. Wir können alles richtig machen – eine geeignete, gesunde Pflanze in gutes Erdreich einsetzen, sie düngen und pflegen –, und dennoch kann es sein, dass sie nicht überlebt. Manchmal gibt es keine Erklärung, warum etwas im Garten nicht wie gewünscht läuft, und wir müssen selbst erst wachsen, um das akzeptieren zu können.

Der kreative Prozess verläuft nie ganz reibungslos. Wir sind wie Schiffe auf dem Meer: Manchmal segeln wir mühelos, dann wieder geraten wir in einen Sturm und können nichts anderes tun, als ihn auszusitzen. Und manchmal kentern wir sogar und müssen uns wieder neu aufrichten. Es ist immer ein Risiko, den sicheren Hafen zu verlassen, aber keiner von uns hat sich für ein kreatives Leben entschieden, weil er auf Sicherheit aus wäre. Nein, es ist die freudige Erregung des Wagnisses, weshalb wir alles, was wir sind, auf eine Karte setzen, um zu sehen, was dabei herauskommt. Das macht das authentische, kreative Leben so erfüllend.

In ihrem Buch *Das Leben ein Spiel, und hier sind die Regeln* definiert Chérie Carter-Scott Akzeptanz wie folgt: »Das, was das Leben einem vorsetzt, mit Haltung annehmen.« Das Schlüsselwort hierbei lautet *Haltung*, und ich glaube fest daran, dass die Gartenarbeit eine großartige Gelegenheit ist, um eine positive Sichtweise zu fördern.

Wir als Gärtner neigen von Natur aus dazu, optimistisch zu sein, und das ist kein Zufall. Wir pflanzen Samen und Knollen in dem Glauben, dass sie tatsächlich wachsen werden. Gibt es etwas Hoffnungsvolleres oder Positiveres als das erste Auftauchen einer Blüte? Es hat etwas überaus Ermutigendes, Zeuge der Zyklen von Geburt, Tod und Erneuerung zu werden, die sich vor unseren Augen vollziehen. Ja, es ist enttäuschend, wenn etwas, das wir unter Mühen gepflegt haben, nicht überlebt, aber es gibt immer eine andere Pflanze, mit der wir es probieren können, eine neue Blumenzwiebel, die wir einbetten können.

Ein Freund von mir, der in der Nachbarschaft ebenfalls einen Garten hat, besaß eine riesige Kiefer in seinem Vorgarten, die bei einem heftigen Sommergewitter vom Blitz getroffen wurde. Der Baum brach entzwei, und die eine Hälfte fiel zu Boden. Glücklicherweise stürzte diese Hälfte nicht auf das Haus, sodass es keine Schäden gab und auch niemand verletzt wurde, aber der Baum war so schwer beschädigt, dass er gefällt werden musste. Ich ging zu meinem Freund, um ihm Gesellschaft zu leisten, während professionelle Baumfäller die mächtigen Wurzeln des Baumstumpfes aus dem Boden zogen. Als sie fertig waren, klaffte ein gewaltiges Loch im Vorgarten.

»Schade um den Baum«, sagte einer der Männer. »Und jetzt haben Sie dieses riesige Loch hier.«

Mein Freund, der sein Leben lang gegärtnert hatte, lächelte nur und flüsterte mir leise zu: »Stimmt, aber denk nur an all die neuen Dinge, die ich dort einpflanzen kann!«

Manchmal entwickeln sich Ihre kreativen Bemühungen nicht so, wie Sie es geplant haben, das gehört zum Leben. Vielleicht verkaufen sich Ihre Kunstwerke nicht oder das Unternehmen, das Sie gegründet haben, kommt nicht in die Gänge. Wichtig ist aber nur, dass wir diese Rückschläge als Teil des Prozesses wahrnehmen und trotzdem weitermachen. Akzeptanz ist einfach die Kunst, immer wieder das anzunehmen, was ist, ungeachtet der Umstände. Wie wir bereits wissen, kann es sich als Falle erweisen, das festzuhalten, was ist oder was hätte sein können, aber Akzeptanz schenkt uns den Seelenfrieden in der Gegenwart, damit wir frei sind, die Zukunft zu gestalten.

O weh! Eine Dürreperiode!

Das ist der Albtraum eines jeden Gärtners. Wenn Sie in eine ausgedehnte Trockenperiode geraten, sollten Sie als Erstes viel Mulch verteilen. Mulch ist die beste Möglichkeit, Feuchtigkeit zu konservieren. Wenn es sein muss, dann gießen Sie nur das Pflanzenmaterial, das am substanziellsten ist – also Bäume und Büsche –, und lassen Sie Ihren Rasen, die Einjahrespflanzen, die Tropenpflanzen und die winterharten Gewächse dürsten. Ich weiß, es bricht einem das Herz, aber der Rasen wird sich im Herbst von selbst verjüngen und die anderen Pflanzen lassen sich ersetzen.

Wie man Pilzbefall an Pflanzen erkennt

Es gibt eine unendliche Zahl von Pilzen, die Ihre Pflanzen befallen können. Aus diesem Grund ist es wichtig, mehrmals die Woche den gesamten Garten abzuschreiten. Sie können eine Pflanze mit Pilzbefall daran erkennen, dass sie kränklich aussieht: Die Blätter färben sich gelb, rollen sich ein oder fallen ab. Die Pflanze bekommt schwarze oder braune Flecke, Schorf oder Schimmel.

Als Erstes sollten Sie alle Pflanzen, die kränklich wirken, genau unter die Lupe nehmen. Prüfen Sie die

Ober- und Unterseite der Blätter. Wenn kein Insektenbefall vorliegt (und die Pflanze nicht einfach nur Wasser braucht), dann hat sie wahrscheinlich einen Pilz.

Als erste Maßnahme nehmen Sie eines der Blätter mit ins Haus und finden Sie heraus, um welchen Pilz es sich handeln könnte. Es gibt so viele Hilfsmittel wie es Pilzarten gibt. Wenn Sie dafür keine Zeit oder Geduld haben, verwenden Sie organische Fungizide; Sie erhalten diese Mittel in jedem Gartencenter. Sprühen Sie die Pflanze wie angegeben früh am Morgen ein. Tun Sie das so lange, bis die Pflanze wieder gesund ist.

In den letzten Jahren wurde entdeckt, dass Milch ein wirksames Mittel bei der Bekämpfung diverser Pilzerkrankungen wie Rosenrost und Mehltau sein kann. Jede Art von Milch ist geeignet. Die Rezepte empfehlen normalerweise eine Lösung aus einem Teil Milch auf neun Teile Wasser, die Sie fünf bis sieben Tage lang anwenden.

Kurzum: Wenn Sie eine gesunde Pflanztechnik anwenden und auf gute Gartenhygiene achten, werden Pilze nur selten auftreten. Darum zahlt es sich aus, etwas Zeit zu investieren und die Sache richtig zu machen – zum Wohl der Gesundheit und Langlebigkeit Ihrer Pflanzen.

SECHSTE PHASE

Freude

Ernten, was Sie gesät haben

Im Laufe der Jahre habe ich das Privileg genossen, viele wunderbare Geschichten zu hören, welche Erfahrungen andere Leute mit ihren Gärten gemacht haben. Es gibt nur wenige Dinge im Leben, die uns so berühren können wie die Natur, und noch weniger Dinge, die die Ehrfurcht gebietende Kraft der Natur mit der intensiven Zufriedenheit verbinden, die wir erlangen, wenn wir etwas mit eigenen Händen erschaffen. Diese winzige Ecke der Erde, die wir unser Eigen nennen, bietet uns so viel mehr als nur ein paar hübsche Blumen und einen netten Ort zum Sitzen.

Da ist zum Beispiel die Geschichte von Samantha und Michael, die auf ihrer Farm im westlichen New Jersey auch einen kleinen Apfelgarten haben. Jedes Jahr im Herbst geben sie ein großes Fest für die Kinder der Nachbarschaft, bei dem es viele Apfelspiele gibt, Kürbisse geschnitzt werden und andere lustige Aktivitäten stattfinden. Oder die Geschichte von Janet, die in meiner Radioshow anrief und sich erkundigte, wie sie den japanischen Ahorn aus dem Garten ihrer Schwester in ihren eigenen Garten umpflanzen könnte. Ihre Schwester war vor kurzem gestorben, und Janet wollte diesen Baum in ihrer Nähe haben, damit sie stets die Gegenwart ihrer Schwester spüren konnte. Oder die Geschichte von Ruth, die sich in mondhellen Nächten leise in den Garten hinausschleicht und auf die bemalte Gartenbank setzt, lange, nachdem ihre Familie zu Bett gegangen ist. Für all diese Menschen und so viele andere ist der Garten eine Möglichkeit, innezuhalten und sich einfach am *Dasein* zu erfreuen.

Die Freude über Ihren Garten schenkt Ihnen unglaublich viel. Ein Garten kann eine Zufluchtsstätte sein, die Ihren Geist stärkt, wie der herrliche Zen-Garten mit der Meditationskapelle des Omega Institute for Holistic Studies im Norden des US-Bundesstaates New York. Die Heiterkeit dieses Ortes hat etwas Heiliges an sich, das meine Seele die Unendlichkeit spüren lässt. Ein Garten kann heilen, wie die vielen Krankenhausgärten, die den Patienten und ihren Familien Hoffnung und Trost spenden. Ein Garten kann wie ein guter Freund sein, der uns inspiriert, anleitet, unsere Fortschritte widerspiegelt oder uns einfach durch dick und dünn begleitet. Mein eigener Garten hat mir in den Höhen und Tiefen meines Lebens Halt gegeben. Er tröstet mich, wenn ich mir Sorgen um Erika oder Jason mache, er feiert mit mir, wenn etwas Wunderbares geschieht, und verhilft mir in Zeiten großen Kummers zur Heilung. Wann immer ich mir selbst und meinen Gefühlen nahe kommen will, macht mein Garten das möglich.

In dieser Phase wollen wir herausfinden, was unter der wahren Wertschätzung Ihrer Kreationen zu verstehen ist, und wie sowohl Sie als auch Ihre Mitmenschen davon bereichert werden können, wenn Sie die Welt an Ihren Kreationen teilhaben lassen.

Wertschätzen

Ich habe eigentlich meine eigene Sonne, Mond und Sterne und eine kleine Welt für mich allein.

Henry David Thoreau

An einem Sommerabend saßen meine Freundin Glynnis und ich in meinem Garten, tranken Wein und plauderten. Irgendwann sah Glynnis sich um und fragte mich: »Fühlst du dich hier nie einsam?«

»Klar, manchmal wünschte ich mir, meine Kinder wären bei mir«, gab ich zu. Natürlich vermisse ich die Geräuschkulisse eines Familienlebens. Aber dann sehe ich mich in meinem Garten um und beobachte die Eichhörnchen bei ihren hektischen Sprüngen, die tatkräftigen Bienen bei ihrer fleißigen Suche nach einer weiteren Blume, die sie bestäuben können, und die zarten Äste der Koniferen, die sich sanft im Wind wiegen … und dann denke ich: *Wie könnte ich mich bei alldem jemals einsam fühlen?*

Ich weiß, es ist komisch, aber manchmal komme ich mir wie der Dr. Doolittle der Gartenarbeit vor. Ich habe all diese Pflanzen und Tiere hergebracht (oder hergelockt), die nun gemeinsam hier leben und tun, was immer sie tun, und alle sind willkommen. Ich habe mein Heim und mein Leben einem so außergewöhnlichen Tanz der Natur und Harmonie geöffnet, dass ich tief in meinem Innern Zufriedenheit verspüre. Ich habe auf einer völlig neuen Ebene eine Wertschätzung für meinen Garten und für mein Leben entwickelt.

Es gibt so viele unterschiedliche Facetten, die man an einem Garten lieben kann: das Gefühl der Dankbarkeit, einfach, weil er da ist; den Wert, den er darstellt; die Freude an seiner Schönheit und das Begreifen, was er verkörpert und beinhaltet. Durch diese Wertschätzung verankern sich unsere Wurzeln tiefer in die Seele dieses Ortes, und wir als Schöpfer sind in der Lage, aus unserer Schöpfung Kraft zu ziehen.

Mit Ehrfurcht und Dankbarkeit mache ich jeden Morgen in aller Frühe einen Spaziergang durch meinen Garten. Der Anblick, die Düfte, die Geräusche und die Luft vermitteln ein Gefühl der Gnade, das allem den Anschein verleiht, genau da zu sein, wo es sein sollte. In solchen Momenten weiß ich genau, was Elizabeth Barrett Browning meinte, als sie schrieb: »Die Erde ist mit Himmel vollgepackt, und jeder gewöhnliche Busch brennt mit Gott.«

Wenn Sie Ihren Garten genießen, schenkt Ihnen das jedoch mehr als nur ein sinnliches Vergnügen: Es füllt Ihren kreativen Brunnen. In den Momenten, in denen Sie die Ehrfurcht erfahren, einfach da zu sein, ohne zu arbeiten oder zu planen oder etwas anderes zu tun, als nur den Garten in sich aufzunehmen, erleben Sie einen erweiterten, sublimierten Bewusstseinszustand. Jedes Kunstwerk, sei es ein Rembrandt oder Ihr Garten, spiegelt das Beste der Menschheit wider, und wenn Sie sich auf dieses Wunder einlassen, erweitern Sie Ihre kreative Kapazität und können wiederum mehr Kunst hervorbringen – und mehr Bewusstsein, mehr Inspiration, mehr Lebendigkeit. Der Zyklus nährt sich selbst, aber nur, wenn Sie stehen bleiben und an diesen sprichwörtlichen Rosen schnuppern.

An der Wertschätzung von Schönheit ist nichts Leichtfertiges. Sie ist überaus real und sehr wertvoll. Howard Gardner, Psychologe an der Harvard University, hat viel über die »ästhetische Intelligenz« geforscht, ein Charakterzug, der uns mit einer größeren Kapazität für Schönheit ausstattet, aber auch mit einem größeren Bedürfnis danach – so wie uns lineare Intelligenz im Umgang mit Zahlen bewandert macht.

Wenn Sie in Schönheit eintauchen, kann das unter Umständen eine tiefgreifende Wirkung auf Ihre Lebensweise haben. Vor Jahren initiierte ich ein Programm, das Großstadtkindern Ausflüge zu den Chanticleer Gardens in Wayne (Pennsylvania) ermöglichte, damit sie einen Blick auf ein Stück Natur werfen konnten, zu dem sie normalerweise keinen Zugang hatten. Sie hätten den Ausdruck in den Gesichtern dieser Kinder beim Anblick der Gartenanlage sehen sollen! Es war, als ob ich die Pforten zu Disneyland geöffnet hätte. Chris Woods, der Chanticleer zu jener Zeit leitete, ließ sie herumspazieren und sogar einen Hügel mit perfektem englischem Rasen herunterrollen ... Sie waren begeistert! Neben der Freiheit und dem Spaß, den sie an diesem Tag hatten, wusste ich, dass dieser Besuch Fenster in ihrer Fantasie öffnen würde. Noch fünf oder sechs Jahre später riefen mich viele dieser Kinder an und erzählten mir, wie tiefgreifend dieses Erlebnis für sie gewesen sei. Ich verlor sie im Laufe der Jahre aus den Augen, aber ich stelle mir gerne vor, dass sie heute in der Lage sind, sowohl Schönheit höher zu schätzen als auch sich besser bewusst zu sein, wozu sie selbst fähig sind.

Schönheit nährt unser kreatives Wesen, weil sie uns Inspiration und Ehrgeiz schenkt. Als ich jung war, liebte ich den modernen Tanz, und ich war sehr beeindruckt, wozu die Körper der Tänzer und Tänzerinnen fähig waren. Ich verließ das Theater stets mit einem Gefühl der Hoffnung und mit der Sehnsucht, mein eigenes Potenzial entwickeln zu wollen. Hier setzt ein stilles Mentoring ein: Der Schöpfer der Schönheit inspiriert den Wertschätzer der Schönheit, der wiederum selbst zu einem Schöpfer der Schönheit wird und dann andere inspiriert. Aus diesem Grund ist Schönheit so wichtig im Leben eines kreativen Geistes.

Ich kenne Leute, die behaupten, sie hätten nicht die Zeit und auch keine Lust, innezuhalten und ihren Garten zu genießen. Viele zielorientierte Menschen sehen sich in ihrem Garten um und entdecken nur das Unkraut, das gejätet werden sollte – alles, was sie tun, beherrschen und erobern müssen. Dennoch glaube ich, wenn wir keine Pause einlegen und die Arbeit genießen, die wir getan haben, hangeln wir uns einfach nur von Aufgabe zu Aufgabe und vergessen darüber all jene Dinge aus der ersten Phase, die unsere Vorstellungskraft entfachen, beispielsweise das Beobachten, Entdecken, Erforschen und Spielen. Die Wertschätzung unserer früheren kreativen Bemühungen ist der Treibstoff für künftige Anstrengungen.

Wenn sich Wendy, eine begabte Landschaftsarchitektin, mit der ich von Zeit zu Zeit zusammenarbeite, im Anfangsstadium eines neuen Projekts befindet, sucht sie oft die Gärten auf, die sie früher einmal entworfen hat. In den ersten Augenblicken der Imagination und Vision ihres neuen Projekts schaut sie zurück auf frühere Leistungen, und das stärkt ihr Selbstvertrauen. Wendy hat zu diesen Arbeiten mittlerweile eine gesunde Distanz gewonnen und ist daher oft überrascht, was für eine gute Arbeit sie erledigt hat! Sie wird daran erinnert, ihrem Instinkt und ihrem einzigartigen Stilgefühl zu vertrauen und gleichzeitig den Bedürfnissen und der Realität des neuen Ortes gerecht zu werden. Wenn sie in die Planungs-/Problemlösungsphase ihres neuen Projekts einsteigt, hilft ihr der Blick auf ihre fertigen Werke, mit der Zwiespältigkeit zu leben, und erinnert sie daran, dass sie schon früher ihren Weg durch komplexe Rätsel gefunden hat, was für gewöhnlich zu wunderschönen Ergebnissen führte.

Von Natur aus sind wir Menschen aufgabenorientiert, aber wir müssen auch den Lohn unserer harten Arbeit erleben, um mit unserer Psyche den Umfang und die Bedeutung unserer Arbeit aufzunehmen. Das passiert auch beim Yoga: Nachdem man mehrere Minuten lang diverse Körperhaltungen eingenommen und geatmet hat, legt man sich still in Savasana (Leichenhaltung) hin, damit das Nervensystem die Energie, die man in Bewegung gebracht hat, integrieren kann. Man würde nicht denselben Nutzen aus dem Yoga ziehen, wenn man einfach nur ein paar Haltungen einnehmen, dann von der Matte aufspringen und den Tag beginnen würde.

Dasselbe trifft auch auf den kreativen Prozess zu. Wenn Sie kreativ sind, vollziehen sich zahlreiche innere Vorgänge, und soll der Prozess langfristige Ergebnisse haben, müssen Sie darüber nachdenken, um die Wirkung dieser Vorgänge zu absorbieren. Carla, die jeden Samstag und Sonntag gewissenhaft in ihrem Garten arbeitet, hat es sich zur Regel gemacht, sich mindestens fünfzehn Minuten am Ende jedes Gartentages anzusehen, was sie getan hat. Bisweilen fühlt sie sich bei diesem Anblick stolz, dann wieder dankbar, dass ein Tag vorbei ist, manchmal ist sie sich ihrer Leistung zutiefst bewusst, und hin und wieder sitzt sie einfach nur da und nimmt die Schönheit des Gartens in sich auf.

Wie Sie Dinge wertschätzen, ist stets einzigartig. Wann immer Sie ein Gefühl der Ehrfurcht verspüren, stimmen Sie sich auf Ihre wahre Natur ein, und das bringt Ihr Herz zum Singen. Wenn wir eine solche Wahrnehmung mit allen Sinnen erfahren, sind wir zutiefst *lebendig,* in unserer Existenz fröhlich und präsent für unser authentisches Selbst im Kontext unserer einzigartigen und erstaunlichen Reise auf diesem Planeten.

ZUM AUSPROBIEREN

Folgen Sie sooft wie möglich Carlas Beispiel und verbringen Sie einige Augenblicke in Ihrem Garten, vorzugsweise am frühen Morgen oder am Ende des Tages, und tun Sie weiter nichts, als ihn in sich aufzunehmen. Schreiben Sie in Ihr Naturtagebuch mindestens eine Sache, die Sie besonders schön fanden – ein visuelles Detail, ein Gefühl, das in Ihnen hervorgerufen wurde, oder einfach die Tatsache, dass Ihr Garten da ist und Sie in sich aufnimmt. Ich mache das häufig, und für gewöhnlich finde ich weit mehr als nur eine Sache, die mir an diesem Tag Freude schenkte.

Was mir heute an meinem Garten besonders gefiel

- Die saftigen Tomaten, die ich gepflückt und aus denen ich mir einen Salat gemacht habe.
- Der Schatten, den meine Robinien werfen.
- Der Flieder, der seit gestern Abend völlig überraschend aufgeblüht ist.
- Wie bequem der Korbstuhl ist, in dem ich sitze.
- Die Tatsache, dass heute keine Maulwürfe aufgetaucht sind!

Selbst gemachte Köstlichkeiten

Der Schriftsteller Lewis Grizzard hat einmal gesagt: »Es ist schwer, andere als angenehme Gedanken zu hegen, während man eine selbst gezüchtete Tomate verspeist.« Wie Recht er doch hat! Etwas zu essen, das Sie mit Ihren eigenen Händen gezogen haben, ist so fundamental und urtümlich wie die Menschheit selbst. Wenn Sie den Platz dazu haben, dann möchte ich Sie ermuntern, selbst etwas Gemüse in Ihrem Garten zu ziehen. Tomaten sind pflegeleicht und robust.

Ein paar Tipps für üppige Tomatenstauden:

- Nehmen Sie sich die Zeit, Ihr Erdreich ausgiebig zu düngen, und verwenden Sie dafür auf fünfzig Quadratmeter zwei bis drei Pfund Dünger.
- Ob Sie die Tomatenpflanzen im Laden kaufen oder mit Samenkörnern starten, pflanzen Sie nur die stärksten und besten Tomaten. Halten Sie nach denen Ausschau, die so breit wie hoch sind.
- Härten Sie die Tomatenpflanzen ab (stellen Sie sie tagsüber an einen kühlen, schattigen Platz im Freien und holen Sie sie nur nachts herein), um sie an die Außentemperaturen zu gewöhnen.
- Wenn die Stauden fünfzehn bis zwanzig Zentimeter hoch sind, pflanzen Sie sie so ein, dass der

Wurzelball bedeckt ist. Achten Sie darauf, genug Platz zwischen den einzelnen Pflanzen zu lassen, damit auch mit zunehmender Reife noch eine ausreichende Luftzirkulation vorhanden ist.

- Pflanzen Sie die Tomaten in die pralle Sonne ... das heißt sechs Stunden direkte Sonneneinstrahlung pro Tag. Tomaten müssen jedoch vor Wind geschützt werden.
- Schneiden Sie die Spitze der Pflanze ab, sobald sie vier Blütentriebe hat (das gilt auch für Seitentriebe), dann wird sie mehr Früchte entwickeln, die zudem auch größer sind.
- Tomaten brauchen eine Stütze, damit die Früchte nicht auf den Boden hängen und um sie vor Insekten zu schützen. Errichten Sie starke Stützstreben oder Gitter, solange die Pflanze noch jung ist.
- Düngen Sie regelmäßig.
- Tipps für das Gießen: Halten Sie die Erde um die Wurzeln herum feucht, damit die Tomaten nicht verkümmern. Am besten gießen Sie am frühen Morgen, damit die Pflanze Zeit hat, das Wasser aufzusaugen, bevor es in der heißen Sonne verdunstet. Wenn Sie Ihre Tomaten nicht regelmäßig gießen, wird die Haut der Früchte aufreißen.

Freude an Schnittblumen

Der Morgen ist die beste Zeit, um Schnittblumen aus dem Garten zu holen, bevor die Hitze des Tages zuschlägt und sie leicht verblühen lässt. Wenn Sie Blumen mit mehreren Stängeln schneiden, beispielsweise Schafgarbe oder Margeriten, dann wählen Sie den Stängel, der mindestens eine offene Knospe hat, und eine weitere, die kurz vor dem Aufgehen steht. Blumen, die auf einzelnen Stängeln wachsen, beispielsweise Rosen oder Phlox, sollten nur geschnitten werden, wenn sie sich bereits geöffnet haben.

Falls Sie befürchten, dass Ihr Garten kümmerlich aussehen könnte, wenn Sie Schnittblumen herausholen, dann legen Sie Ihre Angst ad acta. Das Abschneiden der Blumen ermutigt vielmehr das erneute Blühen und Wachsen der Pflanzen, ähnlich wie beim Beschneiden. Ich stelle mir das gern so vor, dass die Natur uns ermutigen will, ihre Fülle zu bestaunen und mit ihr zu teilen!

Teilen

Ein Mann, der einen Garten gepflanzt hat, spürt, dass er zum Guten in der Welt beigetragen hat.

Charles Dudley Warner

Es erstaunt mich immer wieder, mit welcher Kraft uns Gärten verändern können (ähnlich wie Babys, die ja selbst härteste Schalen knacken können). Ich habe schon Menschen gesehen, die in meinem Garten ganz ehrfürchtig wurden, obwohl man von ihnen nie und nimmer eine emotionale Reaktion erwartet hätte. Ein Mann fällt mir da ganz besonders ein, ein würdevoller Herr Anfang siebzig, der mit seiner Frau zu einer Gruppenbesichtigung meines Gartens kam. Es war deutlich zu sehen, dass er nicht dabei sein wollte, und das ließ er auch alle spüren. Missbilligend räuspernd bewegte er sich von einer Ecke des Gartens zur anderen, dann blieb er plötzlich neben der mit Weinreben überwachsenen Hütte aus knorrigen Ästen stehen, die ich damals hatte.

»He, Marjorie«, bellte er seine Frau an, »sieh dir das mal an!«

Wie sich herausstellte, hatten er und sein Bruder als Kinder eine Festung gezimmert, die ziemlich genau meiner Hütte entsprach. Plötzlich erzählte dieser misslaunige Mann der ganzen Gruppe voller Begeisterung, wie sie die Äste und Zweige mit verbotenen Schweizer Armeemessern aus dem Wald hinter ihrem Elternhaus geschnitten und heimlich fast ein Jahr lang an ihrer Festung gebaut hatten. Es war herrlich, wie sein ganzes Wesen lebendig wurde, während er seine Geschichte erzählte – inspiriert von einer schlichten und primitiven Hütte in meinem Garten. Er räusperte sich kein einziges Mal mehr und verabschiedete sich tatsächlich mit einem Lächeln.

Würde ich meinen Garten wie eine Kostbarkeit nur für mich behalten, könnte ich keinen Beitrag wie diesen zum Wohl der Menschheit leisten. Vielleicht war es nur eine nette kleine Anekdote, aber wer weiß, mit wem Marjories Ehemann im Laufe jenes Tages noch in Kontakt kam oder welche Wirkung seine gute Laune auf seine Mitmenschen hatte!

Diejenigen von uns, die kreativ leben, haben begriffen, dass unser Leben aufgrund dieser Kreativität reicher ist. Es bedeutet uns etwas, andere daran teilhaben zu lassen und unser Verständnis und die Freude, die wir gefunden haben, weiterzugeben. Auf diese Weise leisten wir einen Beitrag für andere und entzünden einen kleinen Funken der Kreativität, bis eines Tages die ganze Welt erleuchtet sein wird. Hier geht es nicht um Bekehrungseifer, sondern darum, unsere Kreationen mit anderen zu teilen, damit sie eine Ahnung ihrer eigenen Inspiration und ihres eigenen inneren Strebens bekommen.

Mit anderen teilen ist mehr als nur eine gute karmische Tugend. Wenn wir andere Menschen an unseren kreativen Produkten teilhaben lassen, wachsen auch wir. Die meiste Zeit meines Lebens war ich sehr schüchtern, was meine Kunst anging. Ich weiß noch, wie ich als Kind klassische Musikstücke auf dem Klavier spielte und dabei fast in Ekstase geriet. Aber wenn meine Mutter aus der Küche rief: »Das klingt wunderbar, Frannie!«, hörte ich sofort auf. Der Zauber war gebrochen. Es fühlte sich viel zu privat an, um jemand anderen daran teilhaben zu lassen. Jahre später war ich immer noch schüchtern und ängstlich, obwohl ich so viel Zeit damit verbracht hatte, meinen Garten zu entwerfen und anzulegen. Auch mein Garten war etwas höchst Privates für mich, und ihn anderen zeigen, beinhaltete das Risiko, verletzt und ausgelacht zu werden. Irgendwann wurde ich gefragt, ob ich meinen Garten im Rahmen einer Gartentour der Öffentlichkeit zugänglich machen wolle. Anfangs zögerte ich: Warum sollte ich mich auf diese Weise bloßstellen? Aber wenn ich eines über mich gelernt habe, dann das: Für gewöhnlich stehe ich vor einer neuen Stufe des Wachstums, wenn ich mich vor etwas fürchte. Für mich ist die Angst ein Signal, dass ich an genau dieser Sache arbeiten sollte. Also sagte ich sehr beklommen zu.

Ich schwöre, als die erste Gruppe eintraf, versteckte ich mich in der Küche, während ungefähr fünfzig Menschen durch etwas hindurchschlenderten, was bis dahin meine ganz private Welt gewesen war. Sie berührten die Bäume, die ich gepflanzt hatte, und wanderten an dem Steinhang entlang, in dessen Anlage ich so viel Zeit und Fantasie investiert hatte. Nach einer Weile fiel mir auf, dass viele von ihnen den Eindruck erweckten, als hätten sie Spaß, also ging ich hinaus und unterhielt mich ein wenig. Ich zeigte den Leuten die Mappe mit den Gartenplänen, und irgendwann merkte ich, dass ich völlig entspannt und locker war. Ich tat nicht so, als ob ich mehr wüsste, als es der Fall war, und ich warf mich auch nicht in Pose. Das war ich, das war meine Schöpfung, und darüber zu reden fühlte sich so normal an wie atmen.

Je mehr Besuchergruppen kamen, desto größer wurde mein Selbstvertrauen. Ich begann zu experimentieren und mehr Risiken einzugehen. Hätte die erste Gruppe auch »Meine Güte, wo sind wir hier nur gelandet?« ausrufen können? Natürlich! Ich weiß nicht, was geschehen wäre, wenn diesen Leuten mein Garten nicht gefallen hätte, aber ich glaube, auch dadurch wäre ich auf irgendeine Weise gewachsen. Seit damals habe ich meinen Garten mit Tausenden von begeisterten Besuchern geteilt. Es gefällt mir sehr, dass ich anderen Menschen Möglichkeiten aufzeigen kann – auf dieselbe Weise, wie das Foto von Gertrude Jekylls Garten mit den Steinwänden vor so vielen Jahren mich inspirierte, etwas Ähnliches in meinem hügeligen Garten zu erschaffen.

Wenn wir mit anderen etwas teilen, geben wir ein Stück von uns ab. Wir verlieren dabei jedoch nichts, vielmehr gewinnen wir etwas – nämlich mehr Platz in unserem Innern, mehr Raum in unseren Herzen und größere Lockerheit in unseren Interaktionen. Großzügigkeit ist grenzenlos und oftmals ansteckend. Sie ist wie die Liebe. Meine Nachbarin Debby hat eine ganz besondere Beziehung zu ihrem Enkel Daniel, dessen Mutter in diesen Tagen ihr zweites Kind erwartet. Eines Morgens erklärte er ihr, dass sie das neue Baby nur *so viel* liebhaben dürfe (stellen Sie sich jetzt einen Fünfjährigen vor, der seinen Daumen und seinen Zeigefinger zwei Zentimeter auseinander hält).

Debby musste ihr Lächeln verbergen, während sie Daniel erläuterte, dass er ihr erster Enkel sei und für sie daher immer etwas ganz Besonderes sein würde. Sie versicherte ihm, dass sie von der Liebe, die sie für ihn hegte, nichts dem Baby abgeben würde – sie würde einfach mehr Liebe hervorbringen.

Daniel machte große Augen, und er fragte erstaunt: »Kannst du das tun? Kannst du einfach mehr Liebe hervorbringen?«

»Aber natürlich!«, rief Debbie. »Wir können immer mehr Liebe hervorbringen. Das ist ja das Geheimnis der Liebe.«

Das ist auch das Geheimnis der Kreativität. Sie ist eine Form von Energie und folgt dem physikalischen Naturgesetz, dass Energie neue Energie hervorbringt. Sie geben Ihre Ideen beziehungsweise Ihre kreativen Erzeugnisse nicht einfach weg, Sie schaffen Raum, damit sich Neues bilden kann. Indem Sie die Energie in Bewegung halten, bleiben Ihre Vorstellungskraft und Ihr Visionsvermögen frisch und aktiv, und Ihre Fähigkeit, immer neue Möglichkeiten zu sehen, nimmt zu.

Wenn Sie die Ergebnisse Ihrer authentischen Schöpfung weiterreichen, so ist das Ihr Vermächtnis. Auf diese Weise lebt ein Stück von uns weiter, auch lange nachdem unsere Zeit abgelaufen ist. Unsere Schöpfungen machen uns nicht unbedingt unsterblich, aber sie ermöglichen es uns, der Welt einen Stempel aufzudrücken – ein Symbol, das besagt: *Ich war hier.*

Ich persönlich schätze die Vorstellung, dass mein Garten in der Erinnerung der Menschen, die mir nahe stehen, weiterlebt. Ich war überwältigt, als Jenny, die Tochter meiner guten

Freundin Helaine, mich bat, ihre Hochzeit in meinem Garten feiern zu dürfen. Es war so unglaublich, dass ein Ort, den ich geschaffen hatte, für sie eine so persönliche Bedeutung erlangt hatte und in ihrer Erinnerung auch künftig einen Platz einnehmen würde. Es entzückt mich, dass mein Garten Menschen in Liebe und beim Feiern zusammenbringt … Und welchem besseren Zweck als diesem könnte ein kreatives Unterfangen schon dienen?

Wenn Sie in das Leben eines Menschen mehr Wohlstand bringen wollen, dann schenken Sie ihm eine *Lunaria annua,* das einjährige Silberblatt, auch als »Geldpflanze« bekannt. Eine Gartenlegende besagt, dass man todsicher Reichtum und Fülle anzieht, wenn man eine solche Pflanze in seinem Heim hat.

SIEBTE PHASE

Abschluss

Im Zyklus der Jahreszeiten

Alles im Leben ist Zyklen unterworfen, von denen viele metaphorisch mit Gartenausdrücken beschrieben werden. Zu Beginn eines Projekts sagen wir, dass wir *einen Samen pflanzen*, wir lassen Dinge *Wurzeln schlagen* und trösten uns mit dem Wissen, *dass jedes Ding seine Zeit hat*. Gab es je eine genauere oder tiefere Manifestation von Geburt und Tod, Anfang und Ende, von Erblühen und Verblühen als in einem Garten?

Das Ende der Gartensaison kann wirklich eine Aura der Traurigkeit verbreiten. Vor allem der erste Frost ist schlimm! Jedes Mal spüre ich den Verlust, obwohl ich weiß, dass er kommt. Tiefe Melancholie überkommt mich und meinen Garten, wenn im Spätherbst die Tage immer kürzer werden und die Luft kälter wird. Aber ich tröste mich, indem ich die vertrauten Rituale durchführe und den Garten in den Winterschlaf versetze: Ich entferne die verblühten Einjahrespflanzen, klaube die restlichen Knollen zusammen, entsorge den Abfall, trage die Tropenpflanzen ins Haus, die im Freien nicht überleben würden, und lockere das Erdreich für den nächsten Frühling. Wenn alles erledigt ist und der Garten still und öde vor mir liegt, fühle ich mich oft niedergeschlagen. Aber bald schon sehe ich mich in diesem nackten Knochengerüst um und fange wieder an zu träumen.

Ich glaube, einer der quälendsten Aspekte in jedem kreativen Prozess ist der Moment, wenn er sein natürliches Ende findet. Dabei kommt es nicht darauf an, ob man seinen Kindern, die das Elternhaus verlassen, zum Abschied nachwinkt, ob man die letzte Masche einer Decke häkelt oder die Akte eines spannenden Rechtsstreites schließt, in dessen Ausfechtung man sein Herzblut investierte … Das Gefühl ist immer dasselbe: Zum Teil ist man stolz, zum Teil traurig, zum Teil zufrieden, und immer ist es auch bittersüß. Es ist nun an der Zeit, loszulassen, sich den Staub von den Schultern zu klopfen und zu sehen, was als Nächstes auf uns wartet.

Auf der Suche nach unseren kreativen Wurzeln werden wir in dieser letzten Phase prüfen, warum es so wichtig ist, die Vollendung eines kreativen Zyklus zu feiern, und was es – für einen Gärtner sowie für einen kreativen Geist – bedeutet, an den Anfang zurückzukehren – nur Sie, Ihr Raum, Ihr Atem, Ihre Seele –, um sich zu verjüngen und zu erneuern.

Feiern

Doch wer im Flug die Freude küsst und findet, lebt vom ew'gen Licht umgeben.

William Blake

Feiern bedeutet, ein Ereignis oder einen Moment auf bedeutsame Weise markieren. Normalerweise feiern wir Geburtstage, ein Jubiläum, gute Neuigkeiten oder besondere Leistungen. Aber für kreative Menschen ist es ebenso wichtig, dann zu feiern, wenn ihre Bemühungen die natürliche Erfüllung beziehungsweise ein Ende gefunden haben. Aus demselben Grund, aus dem wir Meilensteine des Lebens feiern, müssen wir einen Augenblick zurücktreten und das ehren, was wir geleistet haben – der Reise unseren Respekt zollen, einfach deshalb, weil sie geschehen ist.

Ich kenne zwei Frauen in den Dreißigern, die sich mit einem Architekturbüro selbstständig gemacht haben. Sie investieren viel Zeit und Arbeit in ihre Entwürfe und achten darauf, jedes einzelne Projekt bei seiner Fertigstellung gebührend zu feiern. An dem Tag, an dem die letzte Kleinigkeit für das Projekt erledigt wird, unternehmen sie gemeinsam etwas, um das zu feiern. Manchmal gehen sie mit ihren Ehemännern schön essen oder nehmen sich ein oder zwei Stunden frei und lassen sich in einem Wellnesscenter verwöhnen. Es sind keine großen Feste, aber nach all der Arbeit tut ihnen diese Abwechslung einfach gut. Ich halte das für ein wunderbares Ritual, weil es die beiden zwingt, die Tretmühle des Alltags zu verlassen, und sei es nur für kurze Zeit, um ihre Leistungen zu feiern.

Wir sollten nicht nur Augenblicke großer Leistungen feiern. Ich habe mit meinen Kindern alles gefeiert, auch als Erika das Rollschuhlaufen lernte und Jason eine Zwei plus für eine Arbeit bekam, an der er hart gearbeitet hatte. Im großen Schema der Dinge mögen das keine bedeutenden Leistungen gewesen sein, aber das haben wir ja auch nicht gefeiert. Wir feierten ihren Mut, ihre Ausdauer und ihre Bereitschaft, für die Aufgabe alles zu geben – ähnlich wie wir es bei unseren kreativen Bemühungen machen.

Unser Garten ist immer ein unfertiges Werk, und anders als fertige Kreationen wie beispielsweise Gebäude ist er niemals wirklich abgeschlossen. Die Gartenarbeit findet jedoch jedes Jahr ein natürliches Ende, wenn die Kälte kommt und die Blüten verblüht sind. Das läutet den Prozess des Loslassens ein, der sich nach jedem kompletten Zyklus einstellt. Bei fertigen Kreationen wie Häusern erfolgt dies mit der Bauabnahme, bei zyklischen Kreationen wie der Gartenarbeit oder unseren Beziehungen zu anderen Menschen geschieht dies, wenn eine bestimmte Zeit zu Ende geht.

Durch das Feiern können wir das, *was war*, ehren und dann loslassen, um erneut die gegenwärtige Realität dessen zu begrüßen, *was ist*, damit wir zu dem, *was sein wird*, übergehen können.

Seit Anbeginn der Zeit hat die Menschheit in Übereinstimmung mit den Jahreszeiten gelebt. In der heutigen Welt, in der wir unsere Sommer mit Klimaanlagen kühlen und unsere Winter mit Öfen heizen, verliert man den organischen Rhythmus der natürlichen Welt leicht aus den Augen, aber selbst mit einem winzigen Rest an Bewusstheit können wir uns sofort neu mit der größeren Kraft verbinden, die um uns herum agiert. Zu allen Zeiten war der Spätherbst die Zeit der Ernte. Diese Jahreszeit wurde immer schon etwas leiser gefeiert – auf eine reflektierende, verinnerlichte Art und Weise –, wobei wir dem Land unseren Respekt zollen und Dank sagen für die Fülle und Schönheit, die es uns bietet. Wenn wir am Ende der Pflanzsaison die Ernte feiern, bringt uns das in Einklang mit dem Muster der Natur und führt uns zu unserer eigenen Natürlichkeit zurück. Wir sind schließlich Teil der Natur. Wir sind von innen heraus ein Teil dieses zyklischen Ablaufs – nicht mehr und nicht weniger.

In diesem Jahr werde ich zum Ende der Saison wahrscheinlich ein großes Essen für all die Menschen geben, die ich in dieser Welt am meisten liebe. Ich werde mit den letzten meiner prallen, reifen Tomaten einen wunderbaren Salat anrichten. Ich werde die noch verbliebenen Blumen trocknen, um für die Eingangstür einen Willkommenskranz zu flechten, und ein paar getrocknete Gräser in hohe Vasen mitten auf den Tisch stellen. Ich werde von meinen letzten Schnittblumen jedem meiner Gäste eine abgeben, damit sie in Dutzenden kleiner Reinkarnationen in deren Heim weiterleben können. Es war eine lange, fruchtbare Saison mit einigen großen Durchbrüchen und einigen schwierigen Herausforderungen, und es ist Zeit, sie so wie sie war zu feiern – und den Umstand, dass ich infolgedessen gewachsen bin.

> Blumen sind das Lächeln der Erde.
>
> Ralph Waldo Emerson

ZUM AUSPROBIEREN

Überlegen Sie sich, wie Sie das Ende der Saison in Ihrem Garten auf bedeutsame Weise feiern können (selbst wenn Sie in einer warmen Klimazone wohnen, wo die Jahreszeiten feiner nuanciert, aber dennoch vorhanden sind). Veranstalten Sie ein Fest, ähnlich wie ich eines plane, oder eine Ernteparty, bei der all ihre Freunde helfen, den Garten aufzuräumen und winterfest zu machen. Die Gäste können Pflanzen zurückschneiden oder vom Gemüse naschen, das noch vorhanden ist, und jeder, der hilft, bekommt einen Korb mit diesen Köstlichkeiten zum Mitnehmen.

Oder Sie feiern das natürliche Ende des Zyklus einfach in süßem und segensreichem Alleinsein.

Den Garten in den Winterschlaf versetzen

- Stellen Sie sicher, dass alle Beete frei von Unkraut und gemulcht sind.
- Entfernen Sie alle verblühten einjährigen Pflanzen.
- Holen Sie Tropengewächse vor dem ersten Frost ins Haus.
- Schneiden Sie die winterharten Pflanzen zurück.
- Holen Sie alle Gartenmöbel und Kübel ins Haus, die Sie nicht in der Kälte stehen lassen wollen.

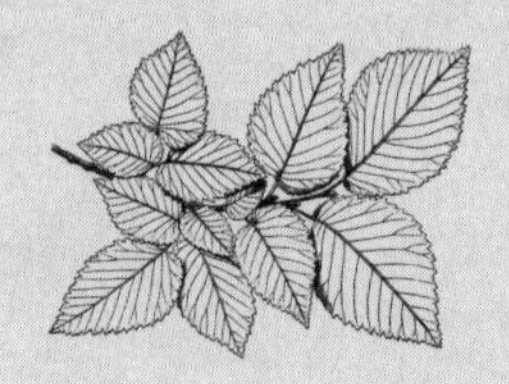

Wie man sich im Winter um seine Bäume kümmern kann

- Als Schutzmaßnahme sollten Sie im Winter fünf bis zehn Zentimeter Mulch über das Wurzelsystem des Baumes geben. Junge Bäume können Sie in Plastik oder Sackleinwand einwickeln. Achten Sie darauf, dass zwischen der schützenden Manschette und dem Baumstamm etwas Raum bleibt, damit die Luft zirkulieren kann.
- Alle paar Wochen sollten Sie Ihre Bäume auf Schäden untersuchen, beispielsweise Entwurzelung, Risse im Stamm oder in Astgabelungen, abgestorbene Zweige.

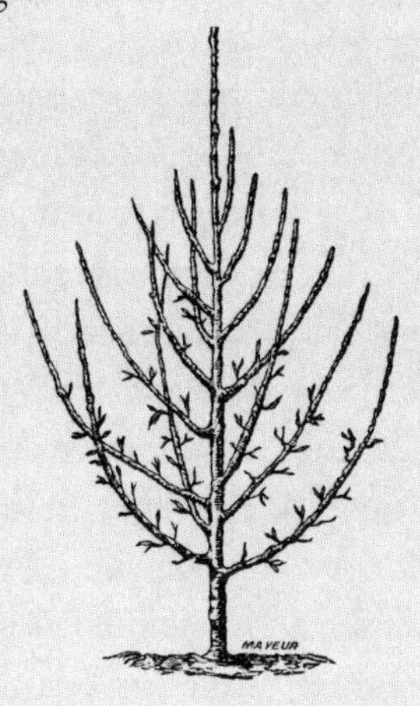

Erneuern

Ich bin zwar ein alter Mann, aber noch ein junger Gärtner.

Thomas Jefferson

Was ich an uns Gärtnern am meisten schätze, ist der Glaube an ewiges Wachstum. Als »Verwalter des Landes« wissen wir, dass wir unseren Garten zwar in den Winterschlaf versetzen, aber im Frühling wird das Leben neu erblühen. Komme, was will, über kurz oder lang sind wir wieder hier, schütteln den Winterschlaf aus diesem magischen Ort und erwecken ihn wieder zum Leben. Das ist eine Binsenweisheit, aber nichtsdestotrotz eine wunderbare Wahrheit.

Bei jedem kreativen Prozess tritt Erneuerung ein, nachdem wir reinen Tisch gemacht haben. Wie in unserem Garten müssen wir uns auch hierbei die Zeit nehmen, um innezuhalten und über das, was wir getan haben, nachzudenken, um unseren Geist und unseren Verstand zu verjüngen. So traurig das Ende der Saison auch ist und so sehr ich die Gartenarbeit liebe, mein Geist und mein Körper sind an diesem Punkt meistens erschöpft, und es tut mir gut, mich in der Auszeit des Winters zu regenerieren. In den kalten Monaten besinne ich mich darauf, was ich im vergangenen Jahr getan habe und wovon ich im nächsten Jahr träume, ich denke an meine Knollen, die es tief in der kalten Erde gemütlich haben und ebenfalls eine Ruhepause einlegen, damit sie im nächsten Frühling in all ihrer Pracht neu erwachen können.

Kreative Erneuerung ist immer möglich. Es gibt immer einen neuen Traum, den wir realisieren können, die Neubearbeitung eines Planes, neue Entscheidungsmöglichkeiten, neue Risiken und noch mehr Arbeit und Spiel. Sobald der Geist der Kreativität einmal in uns geweckt wurde, zeigt er sich in allem, was wir tun, immer und immer wieder. Wie unser Garten gedeiht auch unser kreatives Wesen durch den ständigen Zyklus von Geschäftigkeit und Ruhe, von Aktion und Reflexion.

Wir könnten ewig über das Wunder der Jahreszeiten reden oder darüber, wie wir gewachsen sind und uns verändert haben oder was wir nächstes Jahr tun könnten. Marjorie Fish hat einmal gesagt: »Ich könnte immer so weitermachen. Aber genau darum geht es ja bei der Gartenarbeit – es geht immer weiter.«

Dem kann ich nur zustimmen.

Das Antreiben der Baumblüte

Häufig reicht der Anblick neuer Knospen an einem blühenden Baum aus, um uns aus der Winterdepression zu reißen. Sobald ich Kirschblüten, knospende Forsythien oder Magnolien sehe, weiß ich, dass der Frühling nicht mehr lange auf sich warten lässt.

Hier einige Tipps, wie Sie die Blüte antreiben und Zweige von knospenden Bäumen ins Haus holen können, um sich an ihnen zu erfreuen:

- Sie sollten den Baum gegen Ende des Winters oder zu Beginn des Frühlings auslichten.
- Schneiden Sie die Zweige diagonal ab.
- Entfernen Sie Blätter und Knospen zwanzig Zentimeter vom unteren Ende.
- Geben Sie die Zweige in einen Eimer, der zur Hälfte mit lauwarmem Wasser gefüllt ist.
- Stellen Sie den Eimer an einen kühlen Platz ohne Sonneneinstrahlung.
- Wechseln Sie jeden zweiten Tag das Wasser.
- Sobald die Knospen aufgehen, stellen Sie den Zweig in eine schöne Vase an einen Ort, wo Sie ihn sehen und sich an ihm erfreuen können.

Danksagung

Nachdem ich dieses Buch geschrieben habe, mein erstes, weiß ich, dass das, was ich immer geglaubt habe, wirklich zutrifft: Ein Buch schreiben und veröffentlichen ist keine Arbeit, die man allein bewerkstelligt. Es war für mich ein fruchtbarer und mannigfaltiger Prozess, an dem zahlreiche Menschen beteiligt waren, die durch harte Arbeit, Anleitung und Ermutigung hinter den Kulissen entscheidend dazu beigetragen haben, dass dieses Buch entstanden ist. Diesen Menschen möchte ich von Herzen danken.

Als Erstes danke ich meiner Mitarbeiterin Debra Goldstein, die mir eine liebe und vertrauensvolle Freundin und Kollegin wurde. Ich werde niemals zum Ausdruck bringen können, wie viel du und die Reise, die wir zusammen angetreten haben, mir bedeuten. Ich wusste vom ersten Augenblick an, als wir uns auf einen Kaffee trafen, dass du die Richtige bist. Dein Nachhaken und deine nachdenkliche Persönlichkeit erlaubten dir, zu der Essenz dessen vorzudringen, was ich mitteilen wollte; und dann haben wir auf magische Weise alles zusammen zu einer herrlichen Gemeinschaftsarbeit verwoben. Du bist nicht nur die beste Wortschmiedin, sondern auch eine echte Partnerin bei diesem Projekt gewesen. Ich hoffe, dass unsere Freundschaft und Zusammenarbeit auch in den kommenden Jahren weiter erblüht.

Ein großes Dankeschön schulde ich meinem Agenten Brian de Fiore. Nach nur wenigen Minuten bei unserer ersten Begegnung wusste ich, dass du die Musik spielen hörst. Aufgrund deiner ehrlichen und konstruktiven Kritik und deiner Fähigkeit, zu mir zu halten, auch als dieses Projekt zum Stillstand kam und sich verfahren hatte, hast du dich nicht nur als Vollprofi erwiesen, sondern auch als loyaler und vertrauenswürdiger Kollege. Brian, ich danke dir, dass du an mich geglaubt hast und den Weg mit mir gegangen bist. Hoffentlich werden wir noch viele Bücher gemeinsam machen.

Ich möchte allen Mitarbeitern bei Warner Books danken – für ihre Hingabe, ihre Sorgfalt und ihre Detailgenauigkeit. Meiner Lektorin Sandra Bark möchte ich sagen, dass es ein Vergnügen war, mit ihr zu arbeiten. Deine Geduld, deine Hartnäckigkeit und deine Fähigkeiten als Lektorin erwiesen sich als enorm wertvoll. Du hast eine kreative und optimistische Persönlichkeit und wirst sicher erfolgreich sein, wo immer du in den nächsten Jahren deine Energie auch einsetzen wirst. Ich danke Les Pockell, der mitten in diesem Projekt die Zügel übernahm. Danke, dass du all die Stücke zu einem nahtlosen Ganzen zusammengefügt hast. Deine Professionalität und deine Ruhe weiß ich sehr zu schätzen.

Besonderen Dank schulde ich Erika Fromm, die im Frühjahr 2003 verstarb. Erika war meine Mentorin an der University of Chicago und nahm mich unter ihre Fittiche. Sie führte mich in ihre akademische Welt der Forschung über Kreativität und Hypnose ein. Im Laufe der Jahre und trotz mancher Schicksalsschläge hat Erika niemals ihre Neugier, ihre Intelligenz, ihre Detailgenauigkeit und vor allem ihren wunderbaren Sinn für Humor verloren.

Ich danke meinem Anwalt David Rose, der gewissenhaft und effizient mit all meinen Vertragsangelegenheiten umgeht. Deine Hilfe und deine Fürsorge reichen weit über die Pflichterfüllung hinaus. Dich in meinem Team zu haben, beruhigt mich ungemein.

Ich danke auch zwei unglaublichen Kollegen, Chris Woods und Jock Christie, die mir beide so viel über Gartenarbeit und Landschaftsarchitektur beigebracht haben. Chris, deine Vision, dein Wissen und deine respektlose Art haben es mir möglich gemacht, nicht nur die Kunst der Gartenarbeit zu erlernen, sondern auch immer mehr Risiken im Garten einzugehen. Du wirst mich auch weiterhin inspirieren. Jock, deine sanfte Art, wie du mir einige der Grundlagen der Gartenarbeit vermittelt hast, als ich damals als Neuling zu dir kam, werde ich niemals vergessen. Bis zum heutigen Tag strafen deine Demut und Schüchternheit die Kunstfertigkeit dessen Lügen, was du in diesen prachtvollen Gärten geschaffen hast. Ich danke dir, dass du mich in deine Welt eingelassen hast, dass du mein Lehrer und schließlich mein Kollege und Freund wurdest.

Ein ganz besonderes Dankeschön geht an all meine Angehörigen, die mich bedingungslos während der Arbeit an diesem Buch, aber auch in meinem ganzen Leben unterstützt haben. Ich liebe euch alle von Herzen. Ich danke meinen lieben Kindern Jason und Erika und meinen Eltern Lois und Sam Sorin dafür, dass sie immer für mich da waren und an mich glaubten. Ich danke Bezalel Jungreis, dem Vater meiner Kinder und guten Freund. Betz, fast dreißig Jahre lang hast du mich bei all meinen kreativen Bemühungen unterstützt. Und als es darum ging, ein Buch zu schreiben, war es deine hartnäckige Erinnerung daran, »was getan werden muss«, die mir geholfen hat, am Ball zu bleiben, selbst dann, wenn ich am liebsten alles hingeworfen hätte. Ich danke meinem Bruder, meiner Schwester und meinen Schwägerinnen – David, Debbie, Sara, Linda und Eti. Eure Liebe und eure Unterstützung bedeuten mir sehr viel.

Ich danke meinen engsten Freunden, ihr habt mein Leben bereichert und mich durch dick und dünn begleitet … einige von euch schon seit Jahrzehnten. Ich möchte euch danken, dass ihr an mich geglaubt und mir geholfen habt, das beste Ich zu werden, das ich sein kann. Jeder von euch hat auf seine spezielle Weise einen Beitrag zu diesem Buch geleistet, aber ihr habt auch einen bedeutenden Beitrag für mein Leben geleistet, und das ist noch viel wichtiger. Ein dickes Dankeschön an euch und all meine Liebe: Betty Allen, Grace Blazer, Gary Cozen, Bridgit Dengel, Gloria dePasquale, Jan Dickler, Steven Erlbaum, Ray Gaspard, Meryl Himmelman, Kathy Mamat, Susan Martel, Scott Mayes, Helaine Rosenfeld, Cindy Savett, Barry Schwartz und Tung Vu.

Register